A Crash Course on Crises

Macroeconomic Concepts for Run-Ups, Collapses, and Recoveries

マクロ金融危機入門

バブルはなぜ繰り返すのか

マーカス・K・ブルネルマイヤー
リカルド・レイス

栗林寛幸・小谷野俊夫 [訳]

青木浩介 [解説]

慶應義塾大学出版会

A CRASH COURSE ON CRISES: Macroeconomic Concepts for Run-Ups, Collapses,
and Recoveries by Markus K. Brunnermeier and Ricardo Reis
Copyright © 2023 by Princeton University Press
Japanese translation published by arrangement with Princeton University Press
through The English Agency（Japan）Ltd.
All rights reserved.
No part of this book may be reproduced or transmitted in any form or by any means,
electronic or mechanical, including photocopying, recording or by any information storage
and retrieval system, without permission in writing from the Publisher.

目次

第1章 はじめに 1

1.1 破綻　2

1.2 本書の構成　4

1.3 本書の利用法　12

1.4 謝辞　13

第Ⅰ部　増大する脆弱性：危機の前段階

第2章 バブルと信念 17

2.1 ケインズの美人投票によるバブルのモデル　18

2.2 1980年代半ばの日本のバブル　23

2.3 1998〜2000年のインターネット・バブル　25

第3章 資本流入とその(誤)配分 29

3.1 誤配分のモデル　30

3.2 ユーロ危機の種：ポルトガルの21世紀の低迷　36

3.3 チリの1970年代の自由化と1982年の破綻　38

第4章 銀行と類似機関 45

4.1 現代の銀行と「影の銀行」　46

4.2 米国のサブプライム住宅ローンと証券化　50

4.3 2000年代のスペイン信用ブーム　53

第Ⅱ部　破綻：引き金と増幅装置

第5章　システミック・リスク、増幅、伝染 … 59

5.1　戦略的補完性、増幅、複数性　60
5.2　2000年代のアイルランド銀行部門の
　　　システミック・リスク　66
5.3　1997〜98年の新興市場の嵐　69

第6章　支払能力と流動性 … 75

6.1　負債と流動性不足と
　　　債務超過の区別の難しさ　77
6.2　1931年のドイツ銀行システムの破綻　84
6.3　2010〜12年のギリシャ国債危機とIMF　87

第7章　民間部門と公共部門のつながり … 93

7.1　悪魔の（破滅的な）ループ　94
7.2　2007〜10年における
　　　欧州の銀行とソブリン債　96
7.3　アルゼンチンの2001〜02年危機　99

第8章　安全資産への逃避 … 103

8.1　安全資産　104
8.2　ユーロ圏の借入コスト：2010〜12年危機　107
8.3　2020年の感染症大流行中の安全資産への
　　　資本逃避　110

第Ⅲ部　政策と回復

第 9 章　為替政策と回復の速さ 115
9.1　為替レートと回復のモデル　117
9.2　1994〜95年のメキシコのテキーラ危機　123
9.3　2008年世界金融危機から続く停滞　125

第 10 章　新しい伝統的金融政策 129
10.1　準備の飽和と量的緩和　130
10.2　1998年以降の日本銀行のイノベーション　135
10.3　危機下のユーロ圏イールドカーブ　137

第 11 章　財政政策と実質金利 143
11.1　貯蓄と投資の再考　144
11.2　2020年の感染症大流行中の貯蓄増加　149
11.3　アメリカ大恐慌の終焉　152

第Ⅳ部　おわりに

第 12 章　結論 159

参考文献　161

『マクロ金融危機入門』解説（青木浩介）　167
訳者あとがき　175

索引　177

凡例

- 訳注は、本文中に〔　〕で示すとともに、長いものは＊を付して、脚注あるいは
  章末注にした。
- 原文の明らかな間違いについては、原著者に確認したうえ、適宜修正した。

第**1**章

はじめに

　米国の2008〜10年の金融危機とユーロ圏の2010〜12年の国債危機は、金融破綻が経済全体を崩壊させる可能性を示す好例であった。過去数十年とは異なり、これらの破綻は資産価格の乱高下や、強欲または愚昧な人の大儲けや大損害にとどまらなかった。制度的な問題や金融市場の運営方法に明確な歪みがあることから、危機の到来は時間の問題であるような国だけが襲われたわけでもない。むしろ、これらは**マクロ金融危機**（macro-financial crises）であった。富裕国、新興国を問わず、世界中の家計に経済的苦難がもたらされた。金融経済学者は当然、金融市場の熱狂やパニックの理解に多大な力を注いできたが、マクロ経済学者も常に大不況や恐慌を理解することに忙しかった。

　この10年ほどになって、マクロ経済学と金融論の接点では、金融市場とマクロ経済が激しく変動する時期に関する膨大な量の研究が行なわれてきた。研究者は、私たちが経験したことについての新しいアイデア、新しいエビデンス、そして新しい説明を探求し、それらを適用して、最近の世界的危機だけでなく、過去30年間の地域的な破綻を理解しようとした。本書は、こうした考え方のいくつかを簡潔に紹介する。

1

1.1 破綻

　金融市場は数え切れないほど存在する。それぞれの市場で、人々はさまざまな資産をさまざまな地域でさまざまな相手と取引している。資産価格は、際限なく変化するファンダメンタルズ、制度的特性、人々の信じていることに反応するため、当然ながら不安定である。したがって、いかなる時点でも、どこかの金融市場で価格や取引量が急落しても不思議ではない。

　金融危機は、それだけにとどまらない。多くの金融市場が同じパターンの損失を示し、ある1ヵ所での悪いニュースがすぐに他のいくつかの場所に広がり、1つの金融機関の破綻 (crash) が他の金融機関に対する債務の不履行を引き起こし、すべてが将棋倒しのように連鎖して起こる。マクロ金融破綻はこれをさらに上回る。金融のトラブルが実体経済に波及し、再び金融トラブルに跳ね返るのである。このような危機は、急激で深刻な不況を伴い、何百万人もの人々が職を失い、所得が減少し、民主主義の諸制度は責任を転嫁する他者を探す圧力にさらされる。こうした破綻が本書のテーマである。

　破綻の帰結は極端だが、破綻は珍しいことではない。過去20年間だけでも、一度に多くの国に影響を及ぼした2つの大きなマクロ経済の出来事（2008〜10年の世界同時不況と、2010〜12年のユーロ圏の危機）はマクロ金融破綻だった。アルゼンチンからトルコ、レバノンに至るまで、孤立した国で幸福度が最大規模で下落したのもマクロ金融破綻だった。2020〜21年にかけてのパンデミック（感染症の世界的大流行）不況は、新たなマクロ金融危機へと発展する恐れがあったが、金融市場は立ち直り、最終的には高インフレにつながったとしても、経済は強靭

2

さを示した。同様に、2022年2月のロシアによるウクライナ侵攻とその後の制裁は、金融危機を引き起こしていたかもしれず、その可能性は今も残っている。当然ながら、経済学者は、そもそもこうした破綻がなぜ起こるのか、どのように広がるのか、どうすればその影響を軽減できるのかを解明しようと努力してきた。その知識があれば、科学者は破綻が現代経済の特徴である理由を理解することができ、政策立案者は破綻を予防し、破綻が起きたときの対応を準備することができる。ウイルスと同じで、金融危機や不況を根絶することはできない。しかし、ウイルスの流行がいかにしてパンデミックになるのか、そしていかにしてそれを食い止めるのかを科学者が学ぼうと努力するのと同じように、マクロ金融危機に関しては経済学者が努力している。

　こうした破綻を理解するための新しい概念が開発されてきたことは驚くにあたらない。とはいえ、それらはマクロ経済学と金融論の接点の外で仕事をしている経済学者には曖昧にしか知られていない。学部や修士課程の経済学専攻の学生は、ほとんどの場合、破綻について知らない。破綻に関する現代の研究はまだ教科書に浸透していない。その結果、公的な議論や政策論争において、破綻はいまだに経済学では異常現象と呼ばれることがある。破綻に関する現代の概念やモデルを使う場合でも、それらが厳密にどのように機能し、適用され、組み合わされるのかについての理解が不足していることも多い。本書の目的は、マクロ経済学と金融論の接点にあるこれらの考え方を紹介することである。全体として、過去の破綻をより詳細に説明し、将来起こりうる破綻についての洞察を提供する。

　本書には10の主要な章があり、各章はほぼ自己完結的で、

第1章　はじめに　　3

それぞれが1つの考え方に専念している。各章は3つの節に分かれて全体を構成する。第1節は、マクロ金融の1つの概念を1枚の図を用いて紹介する。第2節と第3節は、この概念を2つの歴史的破綻に適用する。本書は、数式モデルや計算、計量経済学ではなく、直観、図表、グラフを頼りにしている。私たちのアプローチは分析的だが、想定しているのは読者がしっかりした経済学入門の授業を受けたことのみである。各節は、モデルや歴史的な出来事から得た1つの洞察を提示するだけであり、他の選択肢や、全体像を描けるような他の多くの要因の説明はしていない。目標は、研究者のための概説ではなく、教師や学生が教科書を補うために授業で使えるような文献への入口を提供することである。つまり、破綻（crashes）への集中講義（crash）コースの提供を試みたのである。

1.2 本書の構成

本書は3部に分かれている（I）マクロ金融危機の前段階、（II）引き金、波及、増幅、そして最後に、（III）回復とそれを取り巻く政策である。

第I部は、危機を醸成する特性に焦点を当てる。第2章は、ファンダメンタルズや他人の行動に不確実性に満ちている世界における人々の信念（beliefs）について論じる。こうした信念は、時に危険資産への巨額の資金流入や資産価格の急上昇につながる。金融市場を見ている誰もがバブルの存在を確信し始めたとしても、資産価格の高騰は続くことがある。しかし、ある時点で高騰が止まり、その後に起こるのは激しい暴落であることが多い。これを説明するため、後方帰納法、高次の信念、

4

美人コンテストの概念を導入する。

　最初の応用例は、1980年代後半の日本の不動産価格と株式市場のバブルである。その崩壊後の30年間、日本経済の成長トレンドは1955〜85年を大幅に下回った。2つめの応用例は、1998〜2000年にかけてのインターネット（ドットコム）資産価格バブルである。この頃、技術変化は実物投資を伴っていたが、金融資産のファンダメンタルな価値の評価には大きな不確実性があった。この時期、洗練された投資家たちは急上昇する資産価格に対抗するのではなく、むしろバブルに乗った。バブルが金融危機の引き金となるリスクがあったとしても、不確実性を考慮すれば、個々の投資家には儲ける可能性があると思われた。

　ほとんどの破綻の前には、その国への資本流入が起こる。資本流入は、バブルに乗りたいという願望や、金融自由化や将来の成長に対する楽観によって引き起こされている。評論家の意見は二分される。豊かな地域から成長の可能性が高い地域へ資本が再配分されるのを称賛する人と、危険を警告し、愚かな行きすぎを非難する人に分かれる。第3章は、資本の誤配分という概念を紹介する。巨額の資金の流れが、本来より高い収益を得られるはずの部門や生産性の高い企業へなぜ流れないかを説明している。経済成長によって生産性の停滞やゾンビ企業が覆い隠されることがあるのだ。

　最初の応用例は、21世紀のポルトガルの不況である。ユーロの導入とそれに伴うユーロ圏の金融市場の統合により、大量の資本が国内に流入し、繁栄が約束された。実際には、ポルトガル経済は2001〜08年にかけて低迷し、その後、破綻した。ポルトガルのこの20年間の経済成長率は、過去140年で最低

第1章　はじめに　　5

となった。同様なことがこの時期のギリシャやスペインにも当てはまる。2つめの応用例は、1970年代のチリ経済で、金融の自由化と経済成長が急速に進んだが、1982年に突然、破綻した。アルゼンチンとウルグアイも、それほど劇的ではないが同様の経験をした。「南の角」〔南米大陸の南部〕で起きたこれらの破綻が、誤配分に関する最初の研究の盛り上がりのきっかけとなった。チリの特殊な経験が注目されるのは、ピノチェト体制と結びついているためである。この政権については多くの読者が歴史の本で知っているだろう。

第Ⅰ部の第4章は、現代の金融機関を読者に紹介する。銀行、「影の銀行 (shadow banks)」、またはそれ以外の呼称であれ、流動性を創出する一方で資金繰りが悪化しやすいという特徴は共通している。この章は、金融機関のバランスシートと資金調達方法に焦点を当てる。これには、銀行家が融資を監視し、慎重に管理する誘因についての議論も含まれる。また、金融機関が資金提供者から直接資金を得る方法と市場から得る方法の両方を説明して、この2つの資金源がいかに金融機関を異なるリスクにさらすかについても解説する。

最初の応用例は、2000～07年に米国で起きた住宅ブームと破綻である。この危機が起きるまでの間に、米国の銀行が住宅ローンを前例のないほど証券化し、それがいかに信用ブームの発生を許したかを論じる。2つめの応用例は大西洋の反対側である。この時期、スペインの銀行部門はある下位部門の台頭を経験した。それ以前の数十年間は比較的低迷していた貯蓄銀行「カハ (Cajas)」である。カハは主に不動産融資に専念し、新しい金融商品である住宅ローン担保証券の台頭とともに成長し、それを大量に供給した。この話は、1980年代米国の貯蓄貸付

組合危機や、2000年代英国のノーザン・ロック銀行の盛衰と多くの共通点をもつ。

本書の第II部は、危機の到来を検討する。各章で、破綻の異なる引き金や増幅の仕組みを紹介している。第5章ではまず、小さなショックがさまざまな金融機関の間の結びつきを通じていかに増幅され、金融システム全体に及ぶようになるかを説明する。こうした結びつきは戦略的補完性〔ある主体のとる戦略が他の主体に同じ戦略をとらせる状況〕につながる。それは取り付けや破綻のほとんどの説明に見られる概念である。場合によっては、複数均衡〔経済の均衡状態が2つ以上存在し、予測が難しい状況〕につながる可能性さえあり、他者の行動についての信念の単純な変化だけで破綻の引き金になり得る。実体経済との結びつきが金融機関どうしの関連性を強める。なぜなら、貸出の減少が損失を生むため、貸出のさらなる削減の引き金となるからだ。

最初の応用例は、2007〜08年のアイルランドの銀行危機である。1990〜2000年代にかけて、アイルランドの銀行が共通の不動産投資や資金調達先によって結びついたことで、いかに金融システム全体の相互連関性が強まったかを論じる。2つめの応用例は、1997〜98年の世界危機〔日本では「アジア通貨危機」で知られる〕である。最初に危機をインドネシア、マレーシア、タイ、フィリピンにもたらした金融トラブルは、わずか数ヵ月後に香港、韓国、シンガポールでの危機の引き金となった。さらに数ヵ月が経つと、危機はロシアに及び、ブラジル、そしてアルゼンチン、チリ、コロンビア、メキシコ、ベネズエラへと波及した。危機は世界規模でシステム全体に及ぶものとなり、似た国も似ていない国も一様に結びつけていた。

第1章　はじめに　7

ほとんどの資本の流れは、債務契約を通じて国境を越える。負債契約では、借り手の経済的支払能力が重要な特性の1つとなる。支払能力は当該機関の将来の収益についての認識に左右される。これについては第6章で検討する。収益の現在価値は、それを割り引くために使われる金利に依存する。金利が急上昇すると、支払能力のある機関でも流動性が低下する可能性があり、収益の水準が変化していなくても、債務の借り換えや利払いができなくなるかもしれない。IMFのような資本が潤沢な外部の機関は、流動性の不足に起因する問題を解消できるが、流動性不足と債務超過（破産）とを区別しなければならず、それは難しい仕事である。

　最初の応用例は、1931年のオーストリアのある銀行の破綻であり、それが欧州に大恐慌をもたらす一因となった経緯である。第二の応用例は、2010〜12年のギリシャの政府債務危機であり、検討の対象は、債務超過と流動性不足の区別を曖昧にした一連の出来事により、ギリシャが次第に債務を借り換えることができなくなり、IMFの介入にもかかわらず、国家債務不履行に至った経緯である。

　第5章と第6章がそれぞれ金融機関と国家による債務の元利払いに焦点を当てているのに対し、第7章は両者の関連性に注目する。銀行の資金調達問題と公的債務問題は密接に関連している。かたや、銀行の危機は通常、大きな財政コストを伴う。政府は銀行を直接、救済せざるをえず、不況の間、税収は減り、社会的支出は増える。他方で、公債リスクが高まれば、その価値は下落し、この債券を保有する銀行のバランスシートは悪化する。これが、金融機関と政府を結びつける悪魔の（破滅的な）ループを生み出す。

8

最初の応用例は、2010年以降のキプロス、ギリシャ、アイルランド、イタリアといった欧州の銀行である。それまでの10年間で、これらの銀行の多くは、拠点とする国の大きさに比べると、非常に大きくなった。EU共通市場と共通通貨を活用したからである。しかし、問題が起きると、窮地に陥ったのはそれぞれの国に波及した。2つめの応用例は、2001年のアルゼンチンの危機である。政府が国債の借り換えに困った場合、よくある対策は、国内の銀行に対する権力を行使して、この国債を買い取らせることである。この形の金融抑圧は、アルゼンチンの危機のはるか以前から数十年にわたって一般的であったが、2001年の出来事はそれをよく物語っている。

　第II部の第8章では、安全資産という概念を定義し、マクロ金融危機におけるもう1つの重要な現象について論じる。それは「安全資産への逃避」である。破綻時には、地域、部門、機関の間で認識されるリスクが上昇しても、他の地域や資産の金利はいつになく低くなる。投資家は、相対的な安全性の差が非常に小さくても、危険資産から安全とみなされる資産にポートフォリオ〔金融商品〕を移行させる。投資家が安全資産に逃避するにつれて、安全資産の流動性が高まり、価格は上昇する。そのことによって、そもそも安全資産とみなした認識が正当化される。資産の安全性は、ある意味で自己実現的である。

　最初の応用例は、2010〜12年のユーロ圏ソブリン債危機と、欧州の周辺部から中核地域に向かった安全資産への逃避である。ユーロ危機以前はすべてのソブリン債〔各国政府、政府機関、国際機関等が発行・保証する債券の総称〕が安全とみなされていたが、ユーロ危機の発生により周辺国の国債は安全資産の地位を失った。リスク・オン（リスク選好）からリスク・オフ（リスク回避）

第1章　はじめに　　9

の体制へと移ったのである。2つめの応用例は、2020年第2四半期の新興国市場から米国への資本逃避である。ほとんどの新興国と比較して、当時の米国がパンデミックの影響をより強く受け、経済がロックダウンで苦境に陥り、政府の財政が逼迫していたにもかかわらず、こうした資本の流れが発生したのである。

本書の最後の第III部は、経済対策と、それが経済回復にいかなる影響を与えるかを論じる。第9章は為替政策から始まる。マクロ金融危機では、為替レートの下落（減価）は輸出を促進するが、国内の借り手が以前に外貨で借入を行なっていた場合には、バランスシートを悪化させることにもなる。この章では、こうした通貨のミスマッチ、バランスシートへの影響が生じる経路、金融取引によって〔危機の〕影響が増幅されることを説明する。その影響は、為替レートの下落がその国の貿易収支を改善する効果より大きい可能性がある。その場合、何らかの資本規制や為替介入を実施する必要があるかもしれない。

これらの考え方を、まず1994年のメキシコ危機に適用する。示されるのは、多くの新興国のドル化〔米国以外の国でドルが国内通貨に代わる通貨として利用される現象〕の程度と、それが破綻時の為替レートの下落とが相まって景気後退を増幅させる仕組みである。2つめは、2008〜10年の世界同時不況からの回復過程である。これは世界大恐慌〔1930年代〕以来、最大の世界的マクロ金融破綻であった。〔マクロ金融危機が〕経済の完全な回復を長期に妨げることを「傷跡」と呼んでいる。この傷跡〔の効果〕について議論し、回復がいかに遅かったかを示し、ひいては経済成長の趨勢が恒久的に低下したと示唆する。

第10章は金融政策に着目する。世界金融危機以降の10年の

間に、ほぼすべての先進国の中央銀行は2つの新しい政策を採用した。第一に、中央銀行に対する銀行の準備預金の需要の高まりと変動の激しさに応じるため、バランスシートの規模を拡大した。第二に、フォワード・ガイダンス〔金融政策の方針を中央銀行が事前に表明すること〕と量的緩和を利用して長期金利を引き下げ、危機によって落ち込んだ投資を刺激した。こうした政策は「非伝統的」と呼ばれてきたが、実際にはかなり以前から行なわれ、短期金利の上げ下げという旧来の伝統的政策よりもはるかに積極的であるため、今日の中央銀行のあり方を理解するには、これらの政策の理解が不可欠である。

　最初の応用例は日本銀行である。日銀は1998年以来、金融政策のこれらすべての変化の最前線にいる。2番目は、2008〜15年のECB〔欧州中央銀行〕である。これらの政策を一括して採用した米連邦準備制度理事会（FRB）やイングランド銀行とは異なり、ECBは政策を1つずつ実施したため、政策の説明やその影響の確認が容易になっている。

　最後に、第11章は財政政策に注目する。金融市場の主な役割は、貯蓄者と投資機会を調整することである。貯蓄と投資が長期的に均衡する金利のことをr^*とする。マクロ金融危機は、その原因と危機の影響も含めて、このr^*を変化させる。この章は、r^*に影響を及ぼす力として動学的非効率と予防的貯蓄の概念を導入して、それらの力が金融危機の際にどう変化するかを議論する。財政政策は、公的貯蓄の水準を決定することにより、特に自動安定化装置を機能させて、r^*に影響を及ぼすことができる。その有効性は、政府支出が民間投資をどれほど締め出すかに依存する。

　最初の応用例は、2020年末の米国、欧州連合（EU）、英国の

第1章　はじめに　11

貯蓄率であり、パンデミックがマクロ金融危機に発展する可能性への含意を探る。2つめは、1930年代の大恐慌から米国が回復する過程で、ニューディール政策と第二次世界大戦に伴う軍事支出の双方を通じて、財政赤字が果たした役割を探る。

1.3 | 本書の利用法

　本書は2つの読者層を念頭において執筆された。第一は、経済学の学部生や修士課程の学生である。著者は長年にわたって、中級マクロ経済学や金融・銀行論の授業を教える際に、既存の教科書を補完するために本書を使用してきた。各章は独立して読むことができ、教員は授業でどの概念や章を利用するか選ぶことができる。各章間のつながりは章末の注に譲ったので、関連性を詳しく知りたい読者は注を参照してほしい。入門的な経済学の知識のみを前提としており、経済の概念を一般的に提示するのではなく、教育目的で図解している。

　あるいは、本書全体を使ってマクロ金融の学期授業を行なうことも可能だろう。これらの分野の研究の進展がどのように噛みあうのかを確認したい専門のエコノミストにとっても本書は役に立つはずである。付随するスライドや各図の背景にあるデータの出典や計算をウェブサイト上で提供しており、再現、修正、拡張が可能である。

　第二の読者は、マクロ経済政策と金融政策の指針となるべき概念のいくつかを吸収したい政策立案者や見識ある一般読者である。本書はこれらの研究分野への入口として書かれている。議論は質的なものであり、経済的要因を特定はするが、定量化まではしていない。多くの歴史的出来事を論じるが、目標は概

念を明確に示すことである。

　別のアプローチとしては、危機の応用例を飛ばして、マクロ金融危機の構成要素のより理論的な入門書として読むこともできる。また、特定の歴史的危機をより詳細に知りたい人は、その節だけを見て、ある経済的な要因の1つを他の要因から切り離して調べるという方法もある。本書をいかに利用するにせよ、危機の背景の着実な理解が再発防止の取り組みに役立つはずである。

　私たちは読者の便宜を考えて本書を短くするように努めた。多くの論点をカバーしているが、記述は簡素で、分析の議論は網羅的ではなく、各危機の背景にある歴史的詳細も必要最低限にとどめている。好奇心旺盛な読者が、読了しても十分には満足せず、もっと読みたいと感じてもらえるならば、本書は成功である。各章末の注で、モデルや歴史的出来事を詳しく説明する文献をいくつか紹介している。本書は概説ではないので、そうした参考文献はアイデアの知的起源を示すものではない。次に何を読むべきかを示唆するものである。[1]

1.4 ｜ 謝辞

　2010年に私たちは欧州の国債危機に関する議論グループに参加した。他のメンバーはルイス・ガリカーノ、フィリップ・レーン、サム・ラングフィールド、マルコ・パガーノ、タノ・サントス、デイビッド・テスマー、ステイン・ファン・ニューウェルバーグ、ディミトリ・バヤノスであった。彼らはマクロ金融危機に関する私たちの当初の見解に大きな影響を与えた。私たちはその後、コロンビア大学、ロンドン・スクール・オ

第1章　はじめに　　13

ブ・エコノミクス、プリンストン大学で多世代の学生を教えた際、長年にわたって本書の初期草稿を利用した。彼らのコメントは残酷なほど率直で、包括的であるよりも短い方がよいことを確信させてくれたうえ、なによりも、この企画を続けるよう励ましてくれた。ジョセフ・アバディ、ブレンダン・キーホー、キーラン・マーシャル、ジョー・マーシャル、セバスチャン・メルケル、ニカ・ヴァチッチ、アニー・ワン、張子喬は、本書の草稿に目を通し、改善のために多くの有益な示唆を与えてくれた。最終段階では、エイドリアン・クチュリエ、カマン・リュウ、ルイ・ソウザが、データの収集、文献の調査、執筆原稿の根気強い校正など、素晴らしい研究支援を提供してくれた。これには資金援助が必要であり、欧州連合のホライズン2020研究イノベーション・プログラム（INFL）の助成金（番号GA: 682288）を受けた。

注

1) 本書に最も近いのは、おそらくKindleberger (1978)、Montiel (2014)、Reinhart and Rogoff (2009) である。それらもマクロ金融破綻をめぐる理論を紹介し、歴史的な出来事を用いて説明している。最初の2冊は理論よりも事例研究に重点を置き、3冊目はソブリン債務危機に焦点を当てている。

第 I 部

増大する脆弱性：危機の前段階

第**2**章

バブルと信念

　金融危機とそれに伴う破綻の前には、一部の資産価格がしばしば大きく、時には指数関数的に上昇して、熱狂した投機筋が手っ取り早く利益を得るため、資産を売買しようとする。こうした投機的な資産バブルの歴史は古い。1634〜37年にアムステルダムで起こったチューリップ・マニアの時期には、チューリップの球根が豪邸よりも高くなった。英国の南海バブルとフランスのミシシッピ・バブルは、1719〜20年の過剰な投機につながった。英国のホア銀行は南海バブルに乗って利益を上げ、アイザック・ニュートンを含む他の投資家も利益を上げたが、成功はそれほどでもなかった。自分の取引経験に不満を抱いたニュートンは、こう結論づけた。「私は天体の運動なら計算できるが、人間の狂気は計算できない」[1]

　時には、こうしたバブルがマクロ経済に深刻な影響を及ぼす。前世紀の有名な例としては、1929年の暴落と世界大恐慌前の米国の「狂騒の20年代」がある。また、1980年代の日本では、株価と住宅価格が天文学的な高さに急騰した後、暴落し、続く30年間、生産性と経済成長が失われた。最近では、2000年3月まで米国でインターネット関連株が急騰して、当時「根拠なき熱狂」と呼ばれたように、その後、急落した。多くの場合、価格の下落は金融システムの崩壊だけでなく、失業率の急激な

17

上昇を伴い、その回復には長い時間がかかった。いわゆるマクロプルーデンス規制〔一般に金融システム全体の健全性・安定性を確保するための規制〕は、バブルの膨張に歯止めをかけるための一連の政策である。本章では、リスクが顕在化し、危機が勃発する前の段階において、背後でバブル、不均衡、リスクが蓄積されることを説明する。[2]

2.1 ケインズの美人投票によるバブルのモデル

バブルは、ある資産の価格がファンダメンタルズを上回ったときに発生する。なぜなら、投資家は将来、その資産をより高い価格で他の投資家に売却できると信じるからである。資産のファンダメンタル価値は、その利得の流れ（株式の配当、債券の利払い、不動産の賃料）の割引現在価値（限界効用価値）によって与えられる。ジョン・メイナード・ケインズは、『一般理論』において、配当の流れ（ファンダメンタル価値）を目当てに資産を購入する投資家と、バブルが弾けたり萎んだりする前に転売価値を目当てに資産を購入する投機家を区別している。ハイマン・ミンスキーは、数式を用いずに言葉によるバブルの特徴付けを早くから行ない、異なる局面を区別した。例えば、新しい技術や金融の革新のような最初の変位が、利益の増加や経済成長の予想につながる。これは、低いボラティリティ、信用の拡大、投資の増加を通常の特徴とするブーム局面につながる。資産価格は、最初はゆっくりとであるが次第に勢いを増して上昇していく。ブーム局面では、価格の上昇がイノベーションによるファンダメンタルズの実際の改善を上回り始める。これに続いて陶酔期が訪れ、投資家は過大評価された資産を熱狂的に取

18　第I部　増大する脆弱性：危機の前段階

引する。価格が爆発的に上昇するとき、投資家はバブルの可能性を意識しているか、少なくとも疑っているかもしれないが、将来その資産を他の人にもっと高く売ることができると自信を持っている。通常、この段階では取引量が多く、価格変動が激しい。ある時点で、洗練された投資家はポジションを縮小し、利益を確定し始める。この利益確定の段階では、しばらくの間、その特定の市場に新規に参入した洗練されていない投資家からの需要が十分にあるかもしれない。しかし、ある時点で価格が急落し始め、パニック段階に至って、投資家は資産を投げ売りする。[3]

　具体例として2つの投資家集団を考えてみよう。非合理的な勢い任せの投資家と、より洗練された投資家である。勢い任せの投資家は外挿的〔これまでの傾向を先延ばしするような〕予想を行なう。すなわち、価格が上昇するにつれて、ますます楽観的になり、資産価格は上昇し続けると信じるのである。最初の変位の局面では、ファンダメンタルズの良いニュースが少しずつ漏出し、資産の（市場）価格とファンダメンタル価値が押し上げられる。バブルが始まるのは、ファンダメンタル価値の上昇は鈍化するものの、資産価格の上昇が続くときである。外挿的予想を行なう非合理的な投資家は、最初の価格上昇を、価格のさらなる上昇のシグナルと受け取るからである。投資家はますます強気になり、買い増しを行なって価格をさらに押し上げ、現在の価格上昇が将来の価格上昇に外挿できるという（誤った）信念を強める。外挿的予想は、価格上昇を聞いて便乗したいと考える新たな投資家集団からも生じる可能性がある。

　なぜ、より洗練された投資家たちは、バブルに背を向けて、その発生自体を防ごうとしないのだろうか？　急拡大するバブ

第2章　バブルと信念　19

ルが持続できるのは、合理的な投資家でさえバブルに乗る方が得になると考えるからであり、特に、バブルが弾けるには多くの投資家が同時に売却する必要があるためだ。そうなると、バブル資産価格の崩壊が多くの投資家に降りかかる可能性があり、危険である。これは、1720年にアイザック・ニュートンが経験したことだ。これらの投資家は、バブルがいつまで続くかの予測を試みるが、それは他の（洗練された）投資家の取引行動に左右される。調整問題と呼ばれる事態が生じ、それがバブルを持続させる可能性がある。ケインズが、この投資選択はまるで美人投票のようだと述べたことは有名である。トレーダーは、最も美しいと自分が感じる顔を選ぶのではなく、他のトレーダーの大多数が最も美しいと感じるだろうと自分が思う顔を選ぼうとする。[4]

　図2.1は、単純なモデルでのバブルの価格経路を示している。具体的に考えるため、外挿的予想を行なう勢い任せの投資家は、価格がファンダメンタル価値を上回った後でさえ購入を続けると仮定しよう。彼らは価格を押し上げ、それは洗練されたトレーダーの3分の1以上がバブルに背を向けない限り続く。こうしたトレーダーはそれぞれバブルに乗りたいが、この3分の1という閾値に達する直前で止める。そのとき初めて価格が下がるからである。洗練された各トレーダーが直面する課題は、他の洗練されたトレーダーが何をするかを予測することである。

　まず、ある洗練されたトレーダーの当初の（1次の）信念を考える。それは、他の洗練者たちはバブルが始まった後、0期間、60期間、またはその間の任意の期間、それぞれの日に同数の主体がバブルに乗るかもしれない、とするものである。この場合、トレーダーはバブルが始まってから $(1/3) \times 60 = 20$

20　第I部　増大する脆弱性：危機の前段階

図2.1. バブルと信念

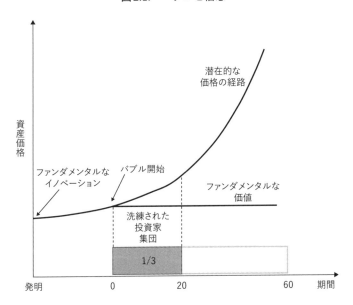

期間でバブルは崩壊すると予想する。よって、価格がファンダメンタル価値を上回り始めてから20期間を超えて資産を保持したいとは思わない。逆に、それ以前に売却するとバブルに乗るよりも利益が少なくなる。外挿的予想をするトレーダーが価格を押し上げるからである。結局、トレーダーはバブルの発生からちょうど20期後にバブルを「攻撃」する。

しかし、洗練された個々のトレーダーは、他のこうしたトレーダー全員が同じ計算をしていることに気づく。もしそうなら、バブル発生から20期間が経過した同じ時点で全員が売却することになる。そうすると、最初の3分の1は高値で売り抜けることができるが、残りの3分の2はバブルが弾けた後で損をす

ることになる。よって、この2次の推論により、トレーダーは3回に1回の確率でしか実現しない若干高い利益を狙う代わりに、（やや小さい）確実な利益を実現するため、19期目に売るべきだと結論づける。しかし、ここでもトレーダーは、他の人が同様に推論する可能性に気づく。この3次の推論により、トレーダーは18期目に売るべきだと結論づける。この方法（後方帰納法として知られる過程）を続けると、洗練されたトレーダーは全員、価格がファンダメンタルズを上回るバブル開始直後に資産を売却することになり、そもそもバブルはけっして発生しない。

この結論は、洗練されたトレーダー（または少なくともその3分の1）が完全に合理的であることを前提としている。実際の資産市場における人々の行動や、上記のような単純なゲームをプレーしてもらう実験から得られるエビデンスは、人々が後方帰納法（バックワード・インダクション）の含意を最大限には引き出さないことを示唆している。むしろ、ある者は1次レベルの推論者であるため、バブルが始まってから20期間後にしか売らない。2次レベルの推論者は、先ほど見たように、19期間後に売却することを選ぶが、3次レベルの推論者はこのことに気づき、18期間後に攻撃すべきだと結論づける。この過程は続き、異なる時期に売却を希望するトレーダーが分布することになる。完全に合理的なトレーダーにとって重要なのは、1次レベル、2次レベル、3次レベル、…、無限レベルの推論者が市場で何人活動しているかを予測することである。この推定があれば、トレーダーはバブルに乗る最適な期間を割り出すことができる。

トレーダーは、最終的に高次レベルの取引主体が全体の3分の1以上になる時期までバブルに乗りたいと考えている。これ

図2.2. 日本の株価と地価

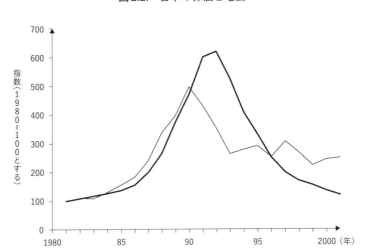

によってバブルが発生し、持続する。

　実際にいつ攻撃が起こるかは、外挿的な取引主体の数と彼らが価格に与える影響の両方、そして推論レベルのあまり高くない洗練された取引主体の数にも依存する。どちらかが多ければ多いほど、バブルは長く続く。外挿的予想はバブルの主な原動力であり、非常に洗練されたトレーダーでさえ、最初は覆すことができない。

2.2 │ 1980年代半ばの日本のバブル

　1980年代後半、日本は図2.2のように株式市場と不動産の大規模なバブルを経験した。株価は4倍以上に、商業用不動産

価格は11年間で6倍以上に上昇した。バブルの絶頂期には、日本の地価総額は全世界の富の約20％を占めていた。東京の皇居周辺の土地は約4分の3平方マイル〔約1.9km²〕で、カリフォルニアやカナダのすべての土地と同じ価値があると見積もられていた。

　議論の余地はあれ、ミンスキーが「変位（displacement）」と呼んだ株式や不動産価値の最初の上昇は、2つのファンダメンタルズの変化によって正当化できただろう。金利の低下と金融自由化である。1980年代半ば、日本は貿易収支黒字、特に経常収支赤字がGDPの3.5%に達していた米国に対する貿易収支黒字を減らすため、内需を刺激するように国際社会から圧力を受けていた。日本政府は経済を刺激するために財政支出を拡大することをあまり望まなかったが、日本銀行は1986年中に積極的に公定歩合を引き下げた＊。1980年代の金利の引き下げは、金融自由化を背景に行なわれた。自由化の2つの例として、人々は、実際の取引の裏付けなしに、（為替予約を通じて）為替レートに賭けることができるようになり、また資本の短期的な流れに対する以前の制限（円転換規制）が撤廃された。さらに、日本の大企業は、主にロンドンで取引されていた新株引受権付社債を通じて資金を調達できるようになった。金融自由化と低金利の組み合わせは、株式や不動産といった実物資産のファンダメンタル価値を押し上げた。その結果、株式市場や不動産市場はますます上昇するとの予想が高まった。外挿的予想が定着し、新たな投資家が市場に参入して、さらなる価格上昇を誘発した。好景気の段階は、投資とGDPの増加とともに始まった。しかし、1991年に株価が暴落してバブルが弾けた後、数十年にわたって停滞が続いた。[5]

24　第Ⅰ部　増大する脆弱性：危機の前段階

2.3 | 1998〜2000年のインターネット・バブル

1990年代後半、インターネット景気によってテック企業の株価が急上昇した。このバブルの位相変位期を牽引したのは、金融ではなく技術革新であった。技術進歩は、1830〜40年代の鉄道ブームのように、興奮と過度に楽観的な予想につながる可能性がある。例えば、投資家は、スタートアップ企業の多くが市場を支配し、独占的利益を手にできると信じた。これは一部の企業には当てはまったかもしれないが、多くの企業に推測された。「根拠なき熱狂」の別の兆候は、「.com」（ドットコム）を社名に加えた企業の株価が大きく上昇したことだった。

バブルの持続を可能にした特徴の1つは、より洗練された投資家がこの熱狂に背を向けず、急成長するバブルに「乗る」方を選んだことだ。

図2.3は、洗練された投資家層であるヘッジファンドが、価格を是正する勢力として機能せず、テクノロジー関連株に過剰に投資していたことを示す。ヘッジファンドのポートフォリオは、市場平均と比べて高値のテクノロジー関連株に大きく傾いていた。この過剰なリスクテイクは、テクノロジー・バブルの絶頂の約半年前、1999年9月に頂点に達した。投資家の心理や熱狂をある程度予測できるならば、ヘッジファンド・マネージャーがバブルに乗ることは有益であった。個別株ベースで見れば、彼らは株価が暴落する前に保有株を減らし始め、まだ株価が上昇しているテクノロジー関連株に乗り換えた。その結果、ヘッジファンド・マネージャーは上昇局面を捉えたが、下降局面はほとんど回避した。他人の資金を運用するファンド・マネージャーが特にバブルに乗りやすい理由はもう1つある。相対

第2章　バブルと信念　25

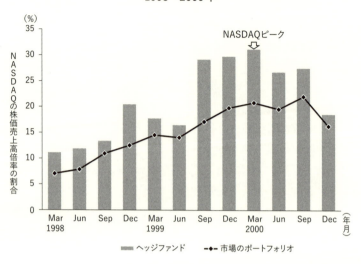

図2.3. ヘッジファンドによるテクノロジー関連株の保有
1998～2000年

的基準で判断されるため、バブルに乗らないと彼らにとって危険なことになるのである。ファンド・マネージャーが膨張するバブルにあまりに早く背を向けると、基準指数のパフォーマンスを下回り、投資家がそのファンドから競合他社に移ってしまうリスクがある。運用成績の悪いファンド・マネージャーは、投資規模を縮小して持ち高を調整しなければならず、価格上昇に乗り遅れることになる。

　インターネット・バブルは、光ファイバー・ケーブル、コンピュータなどへの革新的な実物投資に拍車をかけた。これは1830～40年代の好況期における鉄道への投資と同様である。新技術は重要な調整問題を克服しなければならないことが多い。もし企業Aが投資および生産過程の変更をしなければ、企業B

も生産過程を変更する誘因を持たない。技術革新バブルは陶酔と安価な資金調達を伴うことが多く、それは新しいパラダイムへの根本的な技術的移行を可能にする。これは、技術主導ではない（非投資型の）バブル、例えば不動産バブルとは対照的で、後者は生産性の持続的な向上を伴わない。[6]

　今回、インターネット株式市場バブルは、マクロ金融危機には至らなかった。インターネット・バブルの際立った特徴は、例えば世界大恐慌に至った1929年の暴落とは対照的に、ほとんどの株式が、借入による資金調達ではなく、即金で購入されたことである。借入による資金調達とレバレッジ〔借入金を証拠金としてその何倍もの取引を行なうこと〕の利用は、リスクを少数者の手に集中させ、金融システムに連鎖反応的な悪影響を及ぼし、実体経済により大きな混乱をもたらす。[7] マクロプルーデンス規制の目標は、借入資金調達によるバブルに抵抗して、バブルが出現または持続する確率を下げることにある。バブル崩壊後の後始末よりも、事前にリスクの蓄積に手を打つ方が効果的である。バブルの見極めはしばしば難しいため、政策の焦点は、バブルの資金調達に使われる可能性のある信用の量やレバレッジの制限に当てられることが多い。

注

1) Kindleberger (1978) で述べられている通りである。
2) 異なる信念による取引のモデルと、それがどのようにバブルを生じさせるかについては、Scheinkman (2014) を参照。多くの歴史上のバブルのエピソードについては、Garber (2000) と Quinn and Turner (2020) を参照。
3) 価格がらせん状に下落し、マージンコール〔証拠金の追加請求〕やバランスシートの弱体化によって下落が加速されることが多い。バブルの前段階が信用で賄われていた場合、増幅効果と波及効果が働くが、下降局

面でも深刻なオーバーシュートにつながる可能性がある。

4) 「自分の判断で、本当に一番きれいな［顔］を選ぶのではなく、平均的な意見が純粋に一番きれいだと思う［顔］を選ぶのですらない。私たちは、平均的な意見が予想する平均的な意見を予想することに知性を捧げる第三の段階に到達している。そして、第四、第五、さらに上の段階を実践する者もいると私は思う。」

5) このため日本銀行は、第10章で詳述する多くの新しい政策手段を導入した。

6) 本節のエビデンスはBrunnermeier and Nagel (2004) に基づいている。

7) これが第5章の焦点となる。

訳注（24頁）

＊日本銀行は、1986年の初めから87年にかけて5回にわたって公定歩合を5%から2.5%に引下げ、89年5月までその水準を維持した。日本政府は86年9月、87年5月に財政刺激策を実施した。

第**3**章
資本流入とその(誤)配分

　破綻の前には、通常、豊富な信用が投資ブームを支える期間が長く続く。これは金融市場の自由化によって続くこともある。多くの場合、借り手と貸し手の楽観的な予想に後押しされる。ほとんどの場合、信用は安価かつ豊富で、金融市場が発達して貯蓄者から借り手への大きな資金の流れを仲介するようになる。

　通常、貧しい地域には投資機会が多く、豊かな地域には貯蓄者が多いため、資本は先進地域から発展途上地域に流れる傾向がある。多くの場合、住宅がこうした流れの中心になる。なぜなら、住宅は多くの人が所有する最大の危険資産の1つであり、借入の担保として容易に利用できるためである。建設や不動産サービスに対する需要の増加は、経済活動を刺激し、雇用を増やす。危機の前段階に対する好意的(かつ一般的)な見方は、こうした大規模な資本流入の利益に焦点を当てる。金融市場は統合され、経済は活況を呈し、所得は地域間で収斂する。

　資本流入の現代的な見方は、資本が部門間および企業間でどのように配分されるかに焦点を当てる。貧しい国は、資源が少なく、投資機会が多いのみならず、資本を最も生産的な用途に配分する能力にも劣っている。また、貧しい国の金融市場(資本を用途に応じて配分する広義の市場)には十分な「厚み」〔多数の売り手と買い手の存在〕がない。その原因は、他を犠牲にして

29

特定の部門や企業を優遇する無数の税制や規制、腐敗を伴う政治的干渉だけでなく、ガバナンスの問題を抱え、事業の評価が不得手な銀行や金融市場の両方にもある。急激な金融統合は資本ストックを増やすが、この誤配分を強めることにもなる。豊富な資源があれば、銀行経営者は事業審査に甘くなり、政治家は構造改革や競争促進やレント〔超過利潤〕の削減に熱心ではなくなる。たとえ投資や生産が好調になったとしても、生産性は低下するのである。[1]

3.1 誤配分のモデル

投資ブームが深刻な誤配分といかに結びつくかを理解するため、単純なモデルを考えてみる。経済には2つの部門があり、それぞれに複数の企業が存在するため、部門間と部門内という2種類の誤配分の余地がある。一方の部門（貿易Tradeの頭文字をとってTと呼ぶ）は、国際市場で熾烈な競争にさらされる財を生産する部門であり、製造業がその好例である。もう一方の部門N（非貿易財）は、自然や政治の障壁によって競争から守られている国内市場向けの財を生産する部門であり、建設業や不動産業が2つの好例である。

経済は稀少である資本をこの2つの部門に配分しなければならない。図3.1の最上段は、生産可能性フロンティアを下り勾配の線で示している。財Nの生産高を1単位増やすには、資本をいくらかT部門から財Nにシフトさせなければならず、Tの生産高は下がる。2つの財に対する選好は、原点に対して凸の無差別曲線で表される。理想的には、資源間のトレードオフのもとで最も高い効用に達する点Aで経済が運営される。

30　第I部　増大する脆弱性：危機の前段階

図3.1. 部門間および部門内の誤配分

(a) 部門間の誤配分

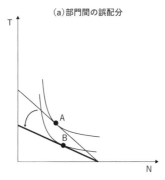

(b) 部門内の誤配分

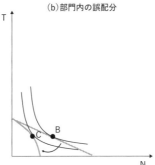

(c) 資本流入ブーム後の部門間・部門内誤配分

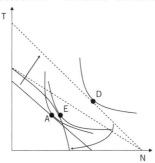

ただし、N部門は地元の利益によって保護されている。政治家は、建設業が雇用する有権者の数、公共事業の知名度と選挙への影響、またおそらくは、地元の政治家と地元の開発業者の密接な関係がもたらす腐敗にさえ敏感である。翻って、地元の銀行家は、担保が入手しやすく値付けが容易な建設事業への融資を好む。大手建設会社は、地元銀行の重要な株主であることが多く、与信の配分で自社を優遇するように銀行経営者に圧力をかける。最後に、建設業その他の非貿易財部門は、外国との競争から保護されていて、地元でカルテルを結びやすく、政治献金を調整しやすい。

　特定の部門への実質的な補助金は、裏を返せば別の部門への課税である。両者とも、特定の部門ではなく別の部門に資本を投下することの相対的利益を変化させるからである。よって、T部門の企業は産出に対する相対的な課税に直面し、課税後の資本の限界生産高が減少する。いまや生産フロンティアはもっと平坦となる。資本1単位をN部門からT部門に振り向けるとリターンが低くなるためである。N部門を優遇するこうした過程は、資本を獲得し、補助金を集め、税金を免れることのできる政治的なコネのある者にレントをもたらす。労力と資源がこうしたレントの獲得に振り向けられる。こうした無駄な活動は、新たな産出を生み出さずに、経済全体のための資源を直接的に減らし、生産フロンティアを原点に近づけることになる。簡単化のため、図ではT部門からの税金がすべてこのように失われると仮定しているため、新しいフロンティアは以前のものを左回転させたものとなる。部門間の誤配分を伴う新しい均衡は点Bになる。

　さらに、N部門の内部でも誤配分が起こりうる。それが図

32　第I部　増大する脆弱性：危機の前段階

3.1の中段パネル（b）の焦点である。国際競争にさらされていないこの部門は、国内の競争を制限するような規制を求めるロビー活動を行ないやすい。これは、企業が大きくなりすぎるのを防ぐための障壁という形をとることがある。政治家は中小企業の長所に理解を示す。なぜなら、起業家精神は所得階層の流動化への道であると考えられており、また中小企業が人口の多くを雇用しているためである。加えて、未発達な金融市場にある銀行は、信用ポートフォリオを多様化するための経営人材も手段も欠くため、少数の企業に多額の融資を行なうことに慎重である。この場合、部門内の誤配分につながる。企業規模の分布が左寄りになり、中小企業に偏るためである*。逆に、特に新興経済圏では、大企業が特別待遇を受けることもある。大企業は、多くの有権者を雇用しているため政治的影響力が強く、不可欠な政府サービスを提供するため大規模な契約を結んでいるため、政治家に優遇されるのである。金融市場が大企業を優遇するのは、大企業のオーナーが、非金融事業への信用供与を行なう銀行の大株主や取締役であるからかもしれない。

　小企業偏重を例にとって（ただし強力なコネをもつ大企業偏重について対称的な議論が可能である）、せいぜい1単位の生産物を販売するという企業規模に上限がある単純なモデルを考えてみよう。ここで、財Nを生産する潜在的企業が多く存在し、この財に対する需要が3単位であるとする。最も生産性の高いある企業は、生産性が1であり、3単位の資本を使って3単位すべ

---

　*ここでは企業の分布図がイメージされている。横軸には原点から右に企業規模の大きさの順に目盛が刻まれ、縦軸には規模に対応する企業数が描かれている。

てを生産することができる。それでも、上限に直面すれば、1単位しか生産できない。生産性が次点の企業は、完全競争であれば廃業しているであろうが、満足すべき需要があることに気づく。この企業の生産性は3分の1にすぎず、1単位の生産物を生産するために3単位の資本を投入する必要がある。3番目の企業は、最後の1単位の生産物の供給に5単位の資本を必要とする。結局、3単位の生産物が1＋3＋5＝9単位の資本を使って生産される。総生産性は3/9＝1/3であり、部門内の企業の成長に障壁のない場合の生産性が3/3＝1であるのとは対照的である。この誤配分の兆しは、操業中の企業間の生産性のばらつきの増大である。これは、市場が生産性の低い企業を廃業に追い込めないためである。

　図3.1の中段のパネル（b）は、このような部門内の誤配分の結果を示す。財Nの各追加単位はより低い生産性で生産されるため、歪められた生産フロンティアは原点に対して凹となり、より多くの資本が必要となるため、Nの追加単位を得るために財Tの生産量が減少する。経済は点Cで運営され、厚生は低下する。

　図3.1の下段のパネル（c）は、これらの要素を組み合わせて、急激かつ大規模な資本流入の後に何が起こるかを示す。理想化された世界で非効率がなければ、資本流入によって点Aから点Dへのシフトが可能になるはずである。しかし、豊富な資源が部門間および部門内の誤配分を悪化させ、経済は代わりに点Eに達する。政治部門では、合意を形成して構造改革を行なう圧力が弱まる。金融部門では、豊富な信用が多くの受け手に渡るため、生産的な事業とそうでないものの区別が難しくなる。さらに、大量の資本流入が誤配分を悪化させうる第三の理由は、

資金が供給弾力性の低い資産に向かい、資産価格を押し上げることである。これはキャピタル・ゲイン〔資本利得＝保有資産の売却差益〕を生み、外挿的予想の引き金となって、資産価格バブルにつながる可能性がある。[2] バブルは担保や資金調達の制約を緩和し、特定の部門への信用供与に拍車をかける。これはあまり効率的でない場合にも、特に建設部門で生じることである。土地の供給が一定で、担保としてよく使われるためである。

資本が流入する前、資本不足の貧しい地域は、中段パネルのBとCのような点にあるだろうが、これらの点と上段パネルの効率的な点Aとの隔たりは小さいかもしれない。より多くの資本が利用可能になれば、経済は拡大する。この新たな資本が、厚みのある金融市場と成熟した政治制度を通じて効率的に配分されれば、経済は点Aから点Dへ移動する。経済活動は活発化し、厚生は上昇するだろう。この単純な経済では、生産性は変わらないだろうが、資本の一部が新技術の導入に充てられるにつれて、生産性が上昇する可能性さえある。

金融市場に厚みが欠けると、資本の流入はかえって誤配分を悪化させる。経済は点Eにたどり着くが、点Dからは程遠く、点Aをそれほど越えない可能性もある。新しい資本が流入しているにもかかわらず、好景気は緩やかなものにとどまるか、ほとんど起こらないかもしれない。新しい資本は、政治的なコネが強く、生産性の低い企業に誤配分されるため、総生産性は低迷し、生産性のばらつきは大きくなる。重要な点は、当然ながら、急増した海外からの資金調達は、将来のある時点で（たとえ経済の生産がほとんど停滞していても）返済しなければならないということであり、こうしたことは、他の章でも取り上げるような問題を引き起こすことになる。[3]

3.2 ユーロ危機の種：ポルトガルの21世紀の低迷

　1999年1月1日、欧州連合（EU）の12ヵ国は、ユーロを計算単位とする共通通貨を採用した。1992年のマーストリヒト条約に続き、その目標は、財とサービスの単一市場の深化と、欧州の地域間の資本の自由な移動に対する障壁をなくす制度の創設だった。ユーロの誕生で、資本を海外に送る際に為替レートが変動するリスクはなくなった。マーストリヒト条約は、欧州機関が問題を抱える国家を救済することを禁じているため、国家の債務不履行（ソブリン・デフォルト）のリスクは残った。しかし、楽観的な投資家はこれを無視したようで、債務不履行を起こした過去があり、財政が脆弱な欧州周辺部の国々に、かなりの低金利で融資することを厭わなかった。

　為替リスクがないうえ、債務不履行のリスクはほぼゼロとみなされたことから、ユーロ圏内では大規模な資本移動が生じた。2000年初頭から2007年末までに、ドイツとフランスは6,380億ユーロの累積経常黒字（海外へ送金された貯蓄の指標）を計上した。これに対応する、ギリシャ、アイルランド、ポルトガル、スペインの経常収支は6,680億ユーロの累積赤字となった。全体としてユーロ圏は貯蓄も借入もしなかったことになるが、内部では中核地域が周辺地域に巨額の資本を送った。周辺地域にとって、これは巨額の資本流入だった。2007年の上記4ヵ国のGDPは1兆6,350億ユーロにすぎず、それまでに対外債務は5兆5,070億ユーロに増加していた。

　周辺部の資本市場と政治制度はこうした大きな資本の流れを調整する厚みを欠いていた。生産性の伸びは貿易財部門の方が高く、建設や卸売部門では停滞していたにもかかわらず、後者

36　第I部　増大する脆弱性：危機の前段階

図3.2. ポルトガルのTFPの実績値と反実仮想値

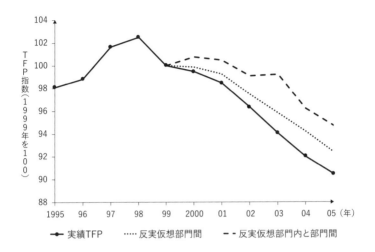

が前者を犠牲にして活況を呈した。部門内の生産性のばらつきはユーロ発足当初から拡大し続け、一方で、全要素生産性（TFP：経済の総合的な生産効率を表す指標で、生産に使用された投入量を上回る生産量を表す）がすべての周辺国で停滞した。GDPの伸びは、生産性の向上よりも、労働と資本の追加的投入によるものだった。実際、経済活動が生産性の高い部門から低い部門へ、そして部門内の生産性の低い企業へと移ったため、生産性は低下した可能性がある。

　図3.2は、ポルトガルを例にとって周辺地域に共通するこうした事実を示している。図はユーロ導入前後のTFPの伸びの実績値を描き、ユーロ導入と同時期の低迷を示す。同時に、誤配分の影響を分離する2つの反実仮想的〔条件が異なっていたら起きていた可能性のある〕指標も掲載している。第一の反実仮想

的TFPは、各経済部門の相対的な規模を1999年の水準に維持している。拡大したのは相対的に生産性が低かった部門である。第二の反実仮想値は、部門内の誤配分も1999年の水準にとどまっていた場合の生産性を示す。成長した部門では生産性が低下した。両者を合わせると、今世紀初頭のポルトガルの驚くべき生産性の低下は、一部には誤配分によって説明することができる。

このような資本の配分と生産性の低下は、国際競争力に影響を及ぼす。資本の誤配分は、建設や公共サービス部門の労働者の賃金を引き上げる形で労働に波及する。資本が豊富な非貿易部門は賃金が高く、より多くの労働者を惹きつける。ポルトガルでは、建設・公共部門の労働者の平均所得が製造業に比べて大幅に上昇した。このため、貿易部門の企業のコストが上昇し、ポルトガル企業の競争力は低下し、貿易赤字となった。2000〜07年の間に、ポルトガルの実質為替レート（外国製品に対するポルトガル製品の価格を示す指標）は12％上昇した。2000〜07年の間の累積貿易赤字は、2007年のGDPの47％に達した。[4]

3.3 チリの1970年代の自由化と1982年の破綻

1973年9月、アウグスト・ピノチェトが軍事クーデタでチリの政権を握った。彼は金融自由化政策を実施し、それまでの3年間の抑圧的な社会主義経済計画を終わらせようとした。以前は、厳しい信用割当、預金者に対する大幅な負の実質金利、金融部門の完全国有化が行なわれていたのである。1974年に、ほとんどの銀行が民営化され、その後数年間は、対外借入を含めて銀行業務に対する制限が撤廃された。金融監督はほとんど

行なわれず、金利は自由に設定され、与信に制限はなく、銀行が中央銀行に保有する最小限の準備預金規制もなく、預金の公的保証もなく、政府は銀行を救済しないと明確に約束した。この自由放任政策は長く続かなかった。1977年1月に大銀行（バンコ・オソルノ）が破綻し、預金者は救済されたが、その後、1980年までの間に、政府は銀行に対して、最低資本金を保有し、預金の10％を中央銀行に預けることを義務付けた。

　同時に、マクロ経済面で、政府は1973年以降、貿易障壁を徐々に削減し、1979年までにわずか10％の一律関税とし、資本流入の制限を撤廃した。1979年、チリの通貨ペソは米ドルにペッグされた*。ユーロ導入後の欧州周辺部のように、為替リスクや資本流入に対する障壁が取り除かれたことで、大量の資本が流入し、1981年には経常赤字がGDPの14％を占めるまでになった。金融市場はこうした資金の流れを仲介して活況を呈し、金融資産の総額は、1973年のGDP比16％から1981年には39％に増えた。1977〜81年の間に、ローン・ポートフォリオ〔総貸出債権〕の実質規模は約6倍に拡大した。

　チリのビジネス部門の1つの特徴は、多くの新興経済国に見られる、多様な企業グループを擁する大コングロマリットの存在であった。金融の自由化により、それらは拡大し、民営化されたばかりの銀行を少なくとも1行含むようになった。政府は多くの場合、これらの銀行を以前の所有者や政治体制に近い人物に有利な条件で売却し、彼らは銀行の信用を利用して、さらなる民営化の過程で産業企業を買収し、グループを成長させた。1977〜80年の移行期には、こうしたグループだけが銀行を通

　＊ペッグ制：自国の通貨価値を基軸通貨に連動させる固定為替相場制。

第3章　資本流入とその（誤）配分　　39

じて低金利で民間の対外借入を利用できた。その資金を、関税率引き下げの恩恵を受けた部門に貸し付けることにより、高い収益を得て国内で投資することができた。彼らは、たとえ収益率の低い部門や企業に投資されるとしても、豊富な資本をグループ内で利用することを好んだ。1979年には、チリの銀行資本の80％がこうしたグループに集中し、グループの成長とともに、グループ内で資本配分が歪み、最も効率的な使い方から遠ざかる力はさらに強まった。

　図3.3の上段パネルは、各コングロマリットについて、内部の各銀行（2つの財閥では3行、他の7つでは1行）による融資の割合の高さを示している。これらの企業は多額の借入を行なった。同じグループの銀行は、資本の用途が最も生産的かどうかに関係なく、コングロマリット内の企業に優先的に信用を配分した。資本はおそらく業界内でグループに属する企業に誤配分されたのである。下段のパネルは、この間、銀行の与信と資本蓄積がグループ内企業ではるかに多かったことを示している。

　多額の債務には金利上昇のリスクが伴う。ペソの米ドルへのペッグは、1980年代前半の米国の金融引き締め政策を受け入れることを意味し、チリの貿易相手国に対する相対的な通貨高が競争力を低下させた。資本の流れはチリからの流出に転じ、実質金利は1981年末までに40％にまで上昇した。1982年にはペソの米ドルへのペッグが解除され、ペソの為替レートはほぼ半値に下がった。1981年11月には8つの金融機関が政府に救済され、1983年1月には5つが大規模な政府介入を必要とし、3つが清算され、2つが直接監督下に置かれた。1983年末までに、政府は銀行システムの50％以上を所有することになった。グループ内企業は苦境に立たされ、1982年6月、監督

図3.3. 1976〜82年のチリの企業グループ

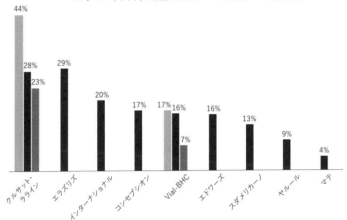

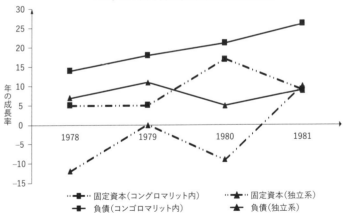

注：上段のパネルの各ラベルは個別のコングロマリットを指す。各棒グラフはコングロマリット内の企業群に対するグループ内の銀行（計3行に及ぶ場合もある）による与信総額の割合を示している。

当局は、銀行が多額の含み損を抱えたグループ向け融資をロールオーバー〔いったん返済された形を取り、再度貸し付けることによって、返済を猶予すること〕し続けることを禁じて、グループ内企業の融資を大幅に制限した。1982年のGNPは14％減少し、企業の倒産は800件を超えた。1983年には失業率が30％に達した。

危機はチリ経済内部の資源の歪みをさらけ出した。危機の際にはほぼ常に起こることとして、生産性はさらに低下した。ただ、製造業の全要素生産性が10％低下したにもかかわらず、産業内の配分効率はほとんど改善しなかった。グループ傘下の非効率的な企業の優遇措置を撤廃したことは、深刻な危機がもたらした混乱を部分的に相殺した。アルゼンチンとウルグアイも当時、同様の危機を経験し、チリと同様の診断を受けた。[5]

注

1) 第2章のバブルは、それ自体が誤配分の一形態である。人々はバブルに突入すると、自らの富をより生産的な用途から逸らしてしまう。これは、私たちが論じた日本や米国の場合のように、土地や住宅でバブルが起こる場合に特に顕著である。そうなると、新しい建物の建設に資金が集まる。最後に、補完的なチャネルとして、バブルに乗りたいという願望が、そもそも資本流入の背景にある理由の1つであるかもしれない。

2) 第2章で説明したとおり。

3) Diaz-Alejandro（1985）は、チリに適用された誤配分仮説に関する初期の古典であり、Reis（2013）はユーロ危機の背後にあった停滞と破綻に関する誤配分理論の現代版である。Fernández-Villaverde, Garicano, and Santos（2013）は、そもそも誤配分の原因となる政治と金融の相互作用について詳述している。

4) ポルトガルのエピソードのデータと議論については、Reis（2013）とDias, Marques, and Richmond（2016）を参照。スペインへの実証的応用については、Gopinath et al.（2017）およびCastillo-Martinez（2020）を参照。

5) チリでの経緯と使用したデータについてさらに知るには、de la Cuadra

and Valdés (1990), Galvez and Tybout (1985), Arellano (1985) を
参照。

第4章
銀行と類似機関

　伝統的な銀行において、バランスシートは単純である。資産側には、住宅ローンや事業融資、そして主に国債からなる金融資産がある。銀行は、多数の資産を保有し、まとめることにより、さまざまな資産の価格が完全に一致して動くことはないという事実を利用する。一部の資産価格が下落しても、同時に他の資産価格が上昇すれば、リスクは軽減される。銀行はまた、債務不履行の可能性を減らすため、国内の借り手を選別し、モニタリング（監視）するという重要な役割も果たす。モニタリングには労力が必要なため、銀行家はできれば避けたいと思うかもしれない。したがって、銀行家には自身もリスクを負う形で適切な額の株式を持つことが求められる。銀行の融資が返済されなければ、株主資本の額が減ることになる。こうすることで、銀行家はモニタリングに力を入れ、預金者の資金で過剰なリスクを取ることを避けるようになる。

　銀行は別の有用な役割を果たす。流動性の低い長期資産から流動性の高い短期負債への、満期と流動性の変換である。銀行の資産は一般には長期のものであり、簡単には売却できないため、市場での流動性はほとんどない。これとは対照的に、銀行の負債は要求払い預金で構成され、短期であり、瞬時に引き出せる。このため預金者は必要なときに資金を手にすることがで

45

き、他方、銀行はプールされた資金を長期投資に充てる。この変換は銀行を取り付け騒ぎのリスクにさらすことになる。もしも預金者全員が同時に預金の払い戻しを要求したら、銀行は約束を守るために融資を回収して資産を売却することができないだろう。さらに、預金者は、他の預金者たちが銀行に駆け付けると予想したら、預金が底をつく前に引き出せるように、我先に駆け付けたいと思うだろう。財政当局による預金保険や金融当局による最後の貸し手という形の政策により、預金者が取り付けを起こす誘因を取り除くことができ、満期を変換するという社会的に有益な銀行の役割を維持することができる。預金者は、自分の預金が常に保護されることを知っていれば、もはや銀行に駆け付ける必要がなくなる。家計の惰性と相まって、この政策は要求払い預金を銀行にとって比較的安定した資金源にすることに成功してきた。

外国への資本の流れは、家計や企業の間で直接起こることは稀で、2カ国にまたがる単一の銀行を経由することも少ない。むしろ、金融市場や金融機関に仲介され、中核地域の貯蓄者が地域の銀行に貯蓄を預け、その銀行が周辺地域の銀行に貸し出すという具合である。さらに、現代の金融システムは過去数十年の間に変化し、上記の説明とは異なるように見える。現代の銀行は、大きな資本の流れを仲介する際に金融危機に陥りやすいという点で（旧来の銀行とは）異なっているのである。[1]

4.1 │ 現代の銀行と「影の銀行」

資産面では、現代の銀行は融資、特に住宅ローンのかなりの部分を証券化する。証券化は、複数のローンをまとめて個別の

46　第I部　増大する脆弱性：危機の前段階

リスクを取り除き、ローンの支払いから生じる将来の収入の流れのすべてを、今日の支払いと引き換えに売却する手法である。以前は取引困難だった住宅ローンが、少なくとも見かけ上は取引可能な証券になる。その結果、現代の銀行のバランスシートでは、現在の市場価格を用いて価値が評価される取引資産の割合が、伝統的な銀行のそれよりもかなり大きい。このように資産を時価評価することで、銀行のバランスシートは透明性を高めるが、変動幅も大きくなる。危機に至る過程で価格が上昇している時には、資産価格が元に戻ればキャピタル・ゲインが消滅する寸前であっても、バランスシートが押し上げられる。暴落時以外でも、市場の上昇・下降局面における価格の過剰反応は、銀行の損益の変動を増大させる。リスクは特定の銀行のバランスシートを切り離されるかもしれないが、主に銀行システム内にとどまる。というのは、他の銀行がその証券を購入したり、その証券を担保に融資を行なったりするからである。

　負債面では、現代の銀行は預金と株主資本以外の新たな資金源に依存している。それは、ホールセール〔金融機関同士の〕資金調達市場である。家計から借り入れる代わりに、他の金融機関から主に2つの経路で資金調達が行なわれる。1つは、無担保の銀行間市場での短期借入である。預金者とは異なり、他の金融機関は十分な情報を持ち、預金者が逃げ出すはるか以前に素早く融資を引き出せる。惰性のおかげで取り付け騒ぎが未然に防がれることはもはや期待できず、金融機関は預金者よりも先に資金提供を中断できるため、金融機関は実質的に優先権を持つことになる。[2]

　第二のホールセール資金調達源はレポ取引である。レポ取引とは、証券を一時的に他の金融機関に売却し、後で事前に合意

した価格で買い戻す取引である。このレポには、銀行の資金調達機能にとって重要な意味を持つ3つの特徴がある。第一に、レポ取引では証券が市場価格を下回る価格で売却され、差額は担保の価値が変動した場合の安全弁として借り手が担うヘアカット〔担保などの価値を見積もる際に時価評価から割り引かれる部分〕（または利鞘）となる。よって銀行は、ヘアカットが突然引き上げられるという新たな資金調達リスクにさらされることになる。第二に、レポは一般に期間が短く、頻繁に繰り越す必要があるため、資金調達源としてすぐに消滅する可能性がある。最後に、レポは担保付借入であるため、銀行が破綻した場合、貸し手は銀行の他の債権に関係なくその担保を回収できる。結果的に、レポは要求払い預金や無担保の銀行間融資よりも優先される。その結果、銀行間の資金調達は市場の気まぐれに左右されるようになる一方、リスクは預金者や預金保険制度に押し付けられることになる。

　図4.1は、伝統的な銀行と現代の銀行のバランスシートの構成を対比している。銀行が融資を証券化して取引可能な資産に変換し、それを担保にレポ資金を調達することで、より多額の融資が可能になるというように、資産と負債が相互に作用する。そのため、現代の銀行は急速に成長できるのである。ホールセール資金調達は、預金を集めるよりも迅速に行なうことができる。金融市場からの借入はオーバーナイト物でも行なえるが、預金の調達には支店の開設や顧客の獲得など、時間と費用のかかる手順が必要である。債権者は、事実上の優先権とレポによる担保で保護されているため、銀行の迅速な事業拡大に喜んで資金を提供する。ホールセール市場は国境を越えて機能するが、複数の法域にまたがる規制は断片的なものしかなく、こうした

図4.1. 伝統的な銀行と現代の銀行のバランスシート

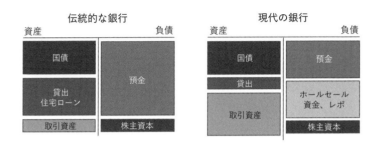

成長の抑制を難しくしている。

　現代の銀行は伝統的な銀行に比べて3つの点でリスクが高い。第一に、ホールセール市場からの借入に支えられて急成長するため、資産に資金を提供し、またリスクを負担する純資産の割合が低い。そのため、銀行が融資の質をモニタリングする努力を払い、リスクを取る際に慎重になる誘因が弱くなる。

　第二に、資金調達の流動性リスクが高い。預金によるリテール資金調達とは異なり、ホールセール資金調達は、トラブルの兆しが見え始めると貸出先がすぐに撤退するため、市場の気まぐれに左右されやすくなる可能性がある。一般的には、預金をまったく預からない金融機関もあり、預金に付随する政府の規制を回避し、ホールセールのみで資金調達している。これらの金融機関は、長期投資を行なうために短期資金を利用し続けるため、取り付け騒ぎに陥りやすいが、資金調達に関する政府保険の恩恵は受けない。投資信託や債券ファンドなどは、現代的特徴を持つ「影の銀行」〔銀行システムの外側にある金融仲介〕部門を形成している。

　第三に、現代の銀行は資産価格のサイクルを増幅させる。住

宅（その他の担保）価格が上昇すると、銀行のバランスシート上、時価で評価された資産はすぐに増加する。この担保価値の上昇によって、レポ市場でのホールセール資金調達が容易になる。その結果、銀行によるさらなる貸出が可能となり、住宅ローンの費用が低下し、住宅の需要が増加するため、さらなる価格上昇につながる。[3]

　現代の銀行には規制の変更が必要である。第一の変更は、現代の「影の銀行」も規制対象に加えることである。それらも同じ危険にさらされているからだ。第二に、資金流動性リスクと資産価格の増幅の問題があるため、規制当局は個々の金融機関単独のリスク評価をマクロの視点で補完しなければならない。このマクロプルーデンス規制は、金融機関相互とマクロ経済への波及を考慮に入れている。第三に、規制は状況の変化に応じて柔軟でなければならず、価格の上昇時には厳しく、暴落後には緩和されなければならない。

4.2 │ 米国のサブプライム住宅ローンと証券化

　2007〜08年の世界金融危機に至る前の段階に米国で起きた証券化の波ほど、現代の銀行や「影の銀行」への移行を象徴する金融イノベーションはない。住宅ローンやその他の融資は、危機前の10年間ですっかり様変わりした。証券化商品が登場したことから、安価な信用が溢れ、融資基準は低下し、ひいては住宅価格が上昇した。

　銀行は、融資や住宅ローンを行なった後、いわゆる「仕組み」商品に詰め替えた。それは債務担保証券（CDO）とも呼ばれる。原資産が自動車ローンやクレジットカード債権やその他

50　第I部　増大する脆弱性：危機の前段階

の資産の場合、一般に資産担保証券（ABS）と呼ばれた。こうした融資のプールはさまざまなトランシェ〔リスク水準などの条件によって切り分けた各部分のこと〕に分割され、原資産からのキャッシュフローはまず優先トランシェに支払われ、残ったキャッシュフローが劣後トランシェに充てられるため、リスクは後者の方が大きい。短期金融資産投資信託、欧州の銀行、その他の機関投資家は、優先トランシェを熱心に購入した。優先トランシェのリスクの大きさは、プール内の原ローン間のリスク分散の恩恵に依存する。もしもそれらが高度に正の相関をもつならば（極端な話、すべての住宅ローンが同時に完全に債務不履行に陥った場合、住宅ローンの返済はゼロになり）、優先トランシェも原ローンとまさに同じリスクをもつ。当時、トランシェのリスク評価に使われていた統計モデルは、住宅ローン間の債務不履行の相関を過小評価していた。そのモデルは米国の最近の歴史（データ）に過度に依存していたが、その間、住宅価格の下落は全国的な現象ではなく地域的な現象であった。

　米国の住宅ローンは民間銀行によって証券化されたが、半ば公的な政府支援企業（GSE機関）によっても証券化されていた。その1つ、ジニーメイ〔政府全米抵当金融公庫〕は、政府に明示的に保証してもらえる債券を発行していたが、他の2つの主要な機関、ファニーメイ〔連邦住宅抵当公庫〕とフレディマック〔連邦住宅抵当貸付公社〕が発行する債券は暗黙の政府保証しか持たなかった。図4.2は、こうした異なる種類の住宅ローン担保証券の拡大を示している。他の資産担保証券も示しているが、その大半は、自動車ローンやクレジットカード債権を裏付けとする短期証券によって占められていた。

　住宅市場の高騰は持続不可能であるとの疑念が高まっていた

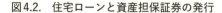

図4.2. 住宅ローンと資産担保証券の発行

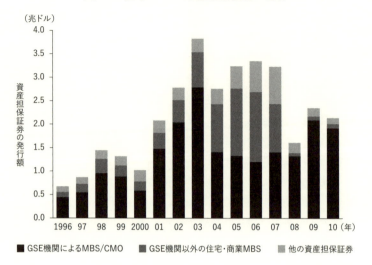

にもかかわらず、金融部門は住宅やその他のローンの証券化を続けた。シティグループの元最高経営責任者のチャック・プリンスは2007年7月、ウォール街の態度を要約し、ケインズが指摘したバブルと椅子取りゲームの類似に言及したことで知られている。「流動性という音楽が止まれば、事情は複雑になるだろう。しかし、音楽がかかっている限り、立ち上がって踊るしかない。私たちはまだ踊っているのだ。」

まもなく音楽は止まり始めた。いくつかの欧州の銀行が劣後トランシェを保有しており、困難に直面した。2008年3月には投資銀行ベアー・スターンズが破綻し、7月には米国政府がファニーメイとフレディマックに明示的保証を与え、管理下に置いた。2008年9月に投資銀行リーマン・ブラザーズが破産を宣告すると、世界的な金融危機の引き金となり、(シティグル

ープを含む）ほとんどの米国の銀行や他の機関（例えば大手保険会社AIG）は、公的資金で救済されなければ破綻を免れなかったのである。

4.3 | 2000年代のスペイン信用ブーム

　ユーロ圏における資本の流れの中心は銀行であった。中核国銀行の周辺国銀行に対する債権の規模は、2000〜07年の資本の流れの推移とほぼ一致する。そして、こうした資本の流れは、ほぼすべてを銀行間債務で説明することが可能で、株式や物的財産の交換によるものはほとんどなかった。

　ユーロ危機に至るまでの国境を越えた資本の流れを大まかに説明すると、以下のようになる。中核地域の貯蓄者が中核地域の金融機関に短期の預金を預ける。これらの機関はその資金をホールセール市場を通じて周辺地域の金融機関に短期融資として送金する。周辺地域の銀行は、具体的な担保があり、証券化しやすく、厚みのある市場で売却しやすい住宅などの部門を優遇して事業に資金を貸し出したことから、銀行の急速な拡大が可能となった。[4] こうした融資の一部は、周辺地域における賃金の支払いに利用され、さらには、生産性が高く競争的な中核地域の国からの中間財の輸入に利用された。中核国の企業は、周辺国に販売した代金を中核国の銀行に預け入れ、資金循環が完結する。この資金循環を通じて、短期資金に依存する周辺国の現代の銀行は急速に成長し、部門間の誤配分に拍車をかける融資を提供し、国境を越えた資本の流れ（すなわち、経常収支の不均衡）をさらに拡大させた。

　図4.3は、スペインの銀行部門のこうした現象を示すため、

第4章　銀行と類似機関　53

図4.3. スペインのカハと銀行の成長を比較

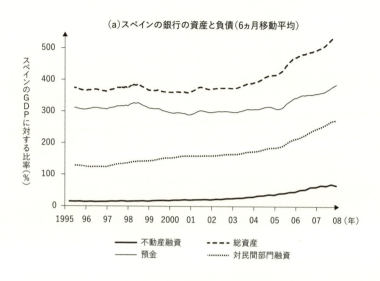

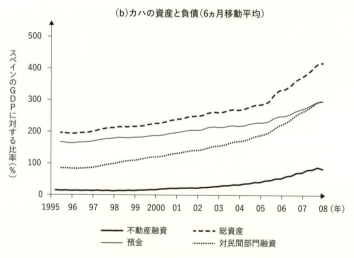

スペインの銀行のバランスシートのデータをGDPに対する比率でプロットしている。この図では、伝統的な銀行と地方の貯蓄銀行「カハ（Cajas）」を区別している。カハは伝統的には小規模な銀行で、地元の政治家との結びつきが強く、地域の住宅ローンの保有に特化していた。2002年頃から、スペインの銀行部門は急速に拡大し始めた。カハの場合、この成長は、預金がほとんど増えていないにもかかわらず起こった。新たに住宅ローンを証券化して販売し、ホールセール市場を利用できるようになったため、カハは現代的な銀行となり、急成長を遂げることができた。こうして、カハは増加する不動産向け与信の資金を調達することができるようになり、その速度は他の銀行を大きく上回った。2007年までに、カハはスペインの民間部門向け融資の52％を占め、不動産部門向け融資は4.9倍に増加した。それから10年後、カハは多額の損失と杜撰な経営の結果、すべて解体されるか、他の銀行に吸収された。

　米国の銀行と比較すると欧州の銀行には、3つの特徴がある。第一に、GDP総額に対する銀行の信用供与の規模が、欧州（およびアジア）では米国よりも著しく大きい。大西洋の反対側〔米国〕では、社債市場が企業の資金源として同じくらい重要であるのに対し、欧州では銀行融資が支配的である。第二に、欧州各国の少数の大手銀行は、国に比して規模が非常に大きく、総資産が年間GDPを超える銀行も少なくない。ある銀行が巨額の損失を出した場合、銀行の所在国は救済するか、預金者に補償するかという問題を解決しなければならない。しかし、欧州の銀行は規模が非常に大きいため、個々の国がそれを行なうのは困難である。第三に、資本の流れは欧州の複数の地域にまたがっており、預金保険の仕組みや問題を抱えた銀行の破綻処理

第4章　銀行と類似機関　　55

当局、財政当局や法制度の異なる国々が関与している。これら
は、伝統的な銀行業務で預金保険や「最後の貸し手」が果たす
役割に取って代わることはなかった。総じて、急成長する現代
の銀行の出現は、銀行部門の問題がユーロ圏経済により大きな
影響を与えることを意味し、同時に、金融部門のソブリン・セ
ーフティネット〔国家が提供する安全網〕は当てにならなかった
のである。[5]

注

1) 満期を変換する役割とは別に、銀行はこれまでの章と重なる他の役割も
　果たす。例えば、銀行は、第2章で論じたバブルに乗る楽観主義者や投
　機家に融資することが多い。また、第3章で詳説したように、しばしば
　資本の誤配分の元凶となる。銀行の満期のミスマッチと取り付け騒ぎに
　関する古典的な文献は、Diamond and Dybvig (1983) である。
2) 実証的証拠については、Blickle, Brunnermeier, and Luck (2019) を参
　照。
3) 現代の銀行とその資金調達については、Brunnermeier (2009)、Admati
　and Hellwig (2014)、Gorton (2010) を参照。
4) これは、第3章で説明したものを超える、新たな次元の誤配分である。
5) Santos (2017) は、スペインの銀行部門の綿密な議論を行なっている。
　Gorton and Tallman (2018) は、同様の力学が働いた歴史のエピソー
　ドを数多く紹介している。

第 II 部

破綻：引き金と増幅装置

第**5**章

システミック・リスク、増幅、伝染

　本書の第I部では、マクロ金融危機の発生に至る経緯を論じた。危機の初期段階では、投資を証券化して得た担保に基づいて、他の金融機関から短期債務で資金調達を行なっている金融機関がしばしば見られる。こうした銀行が資本を配分する実体経済における投資は、たとえ収益が小さくても、非貿易部門や一定規模の事業に偏る可能性がある。金融市場の価格はファンダメンタル価値をはるかに上回っているように見えるかもしれないが、それでも投機筋はバブルに乗り続ける。

　この文脈では、それほど広く保有されているわけでもない金融資産価格の急落や、ごく少数の銀行のみを脅かす実物投資事業への融資の不履行、あるいは個別銀行の資金繰りの悪化は、それぞれ当初は無害に見えるかもしれない。しかし本章では、前述のような要素を持つ金融システムがいかにこうしたショックを著しく増幅させるかを論じる。金融市場を通じてつながっている現代の銀行は、互いの行為を模倣したがるため、一部の銀行が資産を売れば、他の銀行も同じ資産を売りたがり、ある銀行が特定の部門への与信を減らせば、他の銀行もその部門への融資を控える。これにより、最初の外生的な引き金〔ショックの効果〕を増幅させる逆のフィードバック・ループが生まれる。こうした増幅力が十分に強ければ、複数の均衡が存在する可能

性があり、金融機関がわずかに悲観論に転じるだけで危機の引き金になる。金融システムがシステミック・リスクを自己生成するのである。[1]

5.1 戦略的補完性、増幅、複数性

現代の金融市場は、個々の市場参加者が他者の行動にどう反応するかに決定的に依存している。この群集行動が、波及効果とともにシステミック・リスクとなっている。図5.1は、こうした相互作用をグラフ化したモデルである。縦軸はある個別の銀行による貸出額の選択であり、横軸はその他の銀行による貸出である。より一般的に、この図は金融市場参加者の行動を表しているとみてよい。それは、資産の保有やレポの繰り延べなどの多様な選択を含んでいる。曲線は、他行の行動に対する銀行の最適反応、つまり、他行の行動を所与として、どの程度の貸出を選択するかを示している。

上段のパネル（a）のように、最適反応関数が右下がりの場合、他行が平均して貸出を増加させれば、銀行の誘因や制約は貸出を減少させるものとなる。ゲーム理論の用語では、行動は戦略的代替であるといわれる。これは伝統的な金融市場の説明としては適切だったかもしれない。他の銀行が融資を拡大すると、資金調達を求める優良な事業が少なくなるため、伝統的な銀行の対応は融資の削減になる。あるいは、住宅購入のためのローンが増えると、住宅価格が上昇し、銀行からの融資を望ましいと考える借り手が減る。

市場の他の銀行も同じ問題に直面する。各銀行にはそれぞれ最適反応関数がある。各銀行が、他の銀行の行動を所与として

図5.1. 増幅と複数性

(a) 自己資本比率の高い銀行

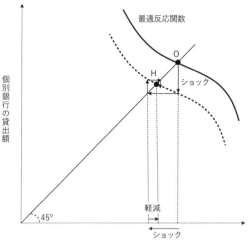

(b) 過剰レバレッジを抱える銀行

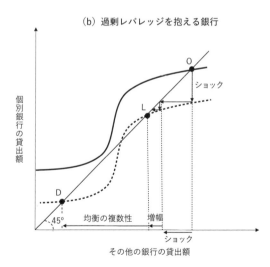

最適な行動をとっている、つまり、全銀行が互いに最適反応をとっているときいわゆるナッシュ均衡が成立している。ここでは、単純化のため、すべての銀行が同一であると仮定しよう。したがって、他の銀行の最適反応は、図の個別銀行の最適反応の対称版であり、均衡は曲線が45度線を横切るところで起こる。この図ではすべての銀行が同じため、均衡では、個別の各銀行は他のすべての銀行が行なっていることを選択することになる。

　最適反応は右下がりであるため、システムは2つの意味で安定的である。第一に、唯一の均衡が点Oに存在する。第二に、最適反応関数が移動しても、この均衡は極端には変化しない。おそらくは銀行がリスクをより認識するようになったり、資産を買う投資家の資金が減ったりして、最適反応が破線の曲線まで下降すると、ある個別銀行は貸出を減らしたくなる（下向き矢印）。他の銀行も貸出を減らすため（左向き矢印）、元の銀行は貸出を増やすことで対応しようとする（上向き矢印）。他の銀行が貸出を増やせば、今度は元の銀行は減らしたくなり、この蜘蛛の巣のような過程が続いて、新たな均衡点Hに到達する。図が示すように、最初のショックは銀行間の戦略的相互作用によって軽減される。

　現代の銀行システムは、むしろ図の下段のパネル（b）のような状況にある。他の銀行が貸出を削減し、それが住宅価格を低下させる場合、ここで取引される証券の価値は、担保付住宅ローンの価値と同様に、下落する。現代の銀行は急成長するため、資本不足で、多額の信用資金調達に対して自己資本が過小である。そのため、レバレッジ（後者に対する前者の比率）は、すでに規制当局や資金提供者が受け入れる限界に達している。

よって、資本力のある伝統的な銀行とは違って、資産価格が低迷している好機を捉えて資産を買うことはできない。それだけでなく、取引可能な銀行自身の資産が値下がりすると、銀行の株式価値は暴落する。レバレッジ比率は上昇するため、資本不足の銀行は、まさに資産価値が低いときに資産を売却してバランスシートを縮小しなければならない。[2]

　金融部門全体が同時に資産を売却しようとする場合、市場の流動性はほとんどない。つまり、資産を売却したり、他の用途に転用したりすることが難しくなる。これは投げ売りにつながる。多くの人がどんな価格でも売らなければならないため、需要が供給に再び追いつくまでに価格がかなり下落しなければならない状況である。各銀行は、他のすべての銀行が資産を売却するだろうと予期するため、我先にと売却する誘因が生じて、資産価格は急落するのである。

　資産価格の下落は、銀行の資金流動性（債権者からの借入資金を繰り越す能力と理解される）を低下させる。資金が不足すると、銀行は資産を維持することがより困難になる。その原因の一部は損失の悪循環である。資産の担保価値の下落は、一定額のマージン〔貸付額と担保価値との差額〕で調達できる資金の減少につながる。加えて、マージンの悪循環が発生することもある。担保価値が下落すると、貸し手は価格の暴落を見越してマージンを引き上げる。100ユーロ相当の担保資産では、いまや95ユーロではなく80ユーロしか調達できないため、銀行は借入を縮小せざるを得ない。

　これら2つの資金流動性の悪循環が組み合わさると、最適反応曲線は下段のパネル（b）の曲線のように右上がりとなる。他行の平均的行動が増加すると、参加者はより積極的な行動を

選択する。銀行の行動はいまや戦略的補完関係にある。

資本力があり規制されている銀行から、過大な（隠れた）レバレッジのある銀行への変化、つまり上段パネルから下段への変化、または右下がりの最適反応曲線から右上がりのそれへの変化は、すぐにはわからないだろう。どちらの場合も、当初の均衡は点Oであろう。しかし、最適反応曲線を下方に移動させるショックの後では、金融システムは2つの点で不安定である。第一に、曲線を同じ垂直距離だけ移動させるショックが、今では代わりに、点Lでの均衡によって示される行動の変化につながるのである。個別銀行による当初の削減の後、他の銀行も同様に削減し、元の銀行はもっと削減することを望む。

以前はある銀行が最初に貸出を削減すると、他の銀行もその影響を受け新しい均衡に収束する過程で、当初の削減を軽減する貸出の増加につながっていたのに対して、今では当初のショックの増幅につながる。住宅価格が下落すると、ある銀行の担保価値は下がり、調達した資金の一部を返済しなければならなくなる。しかし、貸出が減ると、住宅価格はさらに下落し、他の銀行も損失を被り、同様に貸出を減らさざるを得なくなる。結局、貸出と住宅価格の下落は、当初のショックから点Lまで増幅されることになる。

第二に、左下の点Dで示される新しい（安定的）均衡が存在する可能性がある。人々が高水準の貸出がなされるという結果をまったく信じなくなり、他のすべての人が貸出を減らすと考えるならば、それだけで、貸出のより少ない結果が即座に実現する。複数の均衡が存在するのである。各銀行が、他行は貸出を減らすと予期するならば、その結果として生じる投げ売りと価格下落、そして損失の悪循環とマージンの悪循環を予期する。

64　第II部　破綻：引き金と増幅装置

各銀行は事前に貸出を減らし、貸し渋りの均衡を引き起こす。

　まとめると、負のショックの後には3つの帰結が考えられる。伝統的な、資本力のある銀行の世界では、取引対象資産をほとんど保有せず、常に繰り越しが必要でマージンの対象となる担保付き借入もほとんどないので、貸出に加えて資産価格や銀行資本にショックが発生した後、金融市場は図の右上の均衡Hに落ち着く。しかし、レバレッジの高い（影の）銀行では、システム全体での投げ売りとレバレッジの解消を通じて投げ売りと流動性悪循環がショックを増幅し、金融市場は中央の低貸出の均衡Lに移る。最悪の場合、経済は左下の均衡Dに飛び移る可能性があり、そこでは信念が変わることにより価格変動率とマージンが高くなり、貸出が落ち込む。

　こうした新しい結果は、銀行間の戦略的補完性によるものである。関連するが異なる概念に、金銭的外部性がある。一部の銀行による資産の売却は、その価格を押し下げる。他の銀行はこれらの資産の一部を保有し、担保として使用しているため、価格が下落すると、損失の発生に気づき、担保制約が厳しくなることを意味する。当初の銀行の行動が他の銀行に損失をもたらす。これが外部性であり、戦略的補完性とは異なる。後者は他の銀行の反応、つまり、同様に資産の売却で対応することを指す。戦略的補完性は増幅と複数均衡につながる。外部性を含むすべての効果が大きくなる。これらが相まって大きなシステミック・リスクにつながる。というのも、一部の金融機関の損失が金融システム全体の損失に波及するからである。

5.2 | 2000年代のアイルランド銀行部門のシステミック・リスク

　2007年の夏、米国のサブプライム市場における不良債権のニュースが引き金となり、欧州の一部の銀行、特に中核地域の銀行の米国投資に損失が生じた。このため、これらの銀行は、銀行間融資のみならず、周辺国の銀行が発行した住宅ローン担保証券のレポ購入〔売り戻し条件付き購入（貸出に相当）〕も縮小した。同時に、長年にわたり欧州の銀行に対するレポを繰り延べてきた米国のマネー・マーケット・ファンドが、米国における金融危機の拡大の結果、2007〜08年の間にこの市場から撤退した。これら2つの力が相まって、ホールセール市場における銀行の資金供給に負のショックがもたらされた。

　アイルランドの銀行は特にこの海外からのホールセール資金に依存しており、米国の証券にも投資していた。それまでの10年間で、伝統的な銀行から現代の銀行へと移行し、それに応じて大きく成長し、住宅部門に豊富な信用を提供していた。調達可能な資金に対する負のショックは、投げ売りと流動性の悪循環を引き起こし、貸出と住宅価格の大幅な落ち込みにつながった。多額の損失は相互に波及し、アイルランドのシステミックな金融危機と深刻な不況を招いた。

　図5.2は、伝統的な銀行業務から現代の銀行業務へと移行したアイルランドの銀行部門のシステミックな性質を測定したものである。横軸は、ある銀行が個別にどの程度リスクを抱えているかの指標で、2年間のうち最悪の5％の週における株式価値の損失の大きさで表される。これは予想最大損失額（VaR：バリュー・アット・リスク）と呼ばれ、特定の銀行単体のリスク

66　第II部　破綻：引き金と増幅装置

図5.2. アイルランドの銀行部門のシステミック・リスク

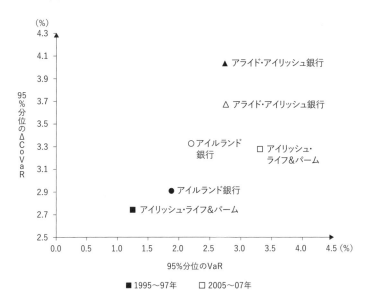

を切り離して測定するもので、ミクロプルーデンス規制〔金融システム全体（マクロ）とは区別して、個々の銀行の健全性を確保するための規制〕の中心となっている。縦軸は、システミック・リスクの指標で、ある特定の銀行が経営危機に陥った場合に銀行部門全体の予想最大損失額がどれほど変化するかを計算して算出される。このシステミック・リスク指標はΔCoVaR〔デルタコバール：Conditional Value at Riskの変化量を示す指標〕と呼ばれる。これは、ある1つの銀行の苦境がどれほど銀行部門全体に波及するかを測定するもので、マクロプルーデンス規制の中核をなす。図中の3つの黒塗りの印は、1995〜97年のアイルランドの三大銀行それぞれのこれら2つの指標を示している。

その後の10年間で、アイルランドの銀行は伝統的な銀行から現代の銀行へと変貌を遂げた。その成長は不動産部門に集中し、リスクの増大につながった。3行のうち2行でVaRが上昇し、ΔCoVaRで測ったシステミック・リスクもそれに伴って著しく上昇した。海外から金融ショックが到来すると、戦略的補完性がそれを増幅させ、2008年半ばから2010年末にかけて、建設・不動産部門の民間企業に対する信用は48％という驚異的な落ち込みを見せた。それは実体経済にも波及し、ダブリンの住宅用不動産価格は記録的な35％の下落となった。図5.2の試算で見られたシステミック・リスクが顕在化し、2009年初頭までに3行の自己資本はほぼ完全に消失した。

システミックな危機に直面すると、政策立案者は実体経済へのショックの増幅を抑えるために介入しようとする。これは、関連する外部性が大きければ正当化できる。資金調達の悪循環を止める1つの方法は、中央銀行が銀行に融資することである。ただし、中央銀行の貸出は、銀行に担保を要求し、通常それは国債の形をとる。別の方法は、政府が融資や資本増強を通じて銀行を救済し、多かれ少なかれ明示的に銀行を国有化することである。資本増強には、典型的な破綻企業の場合とは異なり、銀行が経済的に支払能力を維持していると確信できる必要がある。アイルランドではどちらの方法も行なわれた。第三の政策介入は、複数性による均衡のジャンプを防ぐ目的で、銀行のバランスシートのストレステストを公開で実施して、近い将来、他の銀行が貸出削減に追い込まれないことを各銀行に周知させることである。これは欧州で行なわれたが、成功は限定的であった。逆に、米国では非常に効果的だったようだ。[3]

5.3 1997〜98年の新興市場の嵐

　戦略的補完性は、1つの金融システム内でショックを増幅させるだけでなく、複数の経路を通じて国境を越えてショックを伝播させる。第一に、国際融資を行なう銀行は、通常、多くの国に融資している。ある国の返済が困難になると、銀行の損失は他の国への信用供与の削減につながるかもしれない。第二に、ある国の通貨が急激に価値を失うと、その国に資産を持っていた近隣諸国の投資家は、自国通貨建てで大きな損失を被る。第三に、通貨安はその国の主要な貿易相手国に対する交易条件の悪化を意味し、貿易相手国の輸出部門を著しく圧迫する。最後に、ある国のソブリン債が突然価値を失うと、その国の市場に投資しているファンドは〔投資資金を自国の金融市場で調達している場合は〕証拠金請求に直面し、他国に保有する債券を売却しなければならなくなる。銀行信用、海外直接投資、貿易、投資ファンドを通じて、本章で説明したような力が働くのである。

　こうした力の作用が顕著にみられた例が1997〜98年の世界危機であった。1990年代を通じて、東南アジア諸国の金融部門は、戦略的補完性を生みやすい現代の銀行の特徴を帯びるようになった。短期の対外借入が国内銀行を通じて急増したが、それは外貨建てであることが多かった。これが国内の信用の大幅な増加を促した。その一部は事業計画に利用され、時には収益が悪いこともあったが、多くは不動産に利用され、住宅価格の上昇、担保価値の上昇、そしてさらなる貸出につながった。それと同時に、過去10年間の大きな成長を経て、輸出が減速し、主要輸出市場（日本）が停滞したことから、経常収支赤字が拡大した。

第5章　システミック・リスク、増幅、伝染　69

1996年は複数の負のショックに見舞われた。交易条件は改善し、域内の不動産や株式市場は値下がりし、域内の多くの国がペッグしていた米ドルがユーロや円に対して急上昇し、競争力を低下させ、同年11月と12月にはタイの通貨バーツへの投機的な攻撃につながった。これらはモデルにおける最適反応の変化に対応している。企業および金融部門では、大幅な損失と完全な債務不履行も出現し始めた。タイはこのショックの増幅を示す好例である。1996年の末、タイの経常収支赤字はGDPの8.5％に達し、実質成長率は大幅に鈍化した。1997年2月にソンプラソンという企業が対外債務の返済を滞らせた後、政府は一部の不動産融資が返済されていないことを認識した。ある金融機関（ファイナンス・ワン）は多額の損失を抱え、政府は5月に別の会社と合併させた。外貨準備が枯渇したため、7月2日に中央銀行は変動相場制に移行し、バーツは1ヵ月間で20％減価した。

　図5.3はタイ国債の金利を表している。それは1997年を通じて上昇していたが、この時期に急上昇した。投資家は、政府財政が脆弱であったため、タイ・バーツのさらなる減価や完全な債務不履行による負の収益を予想したのである。1997年の純資本流出は140億ドルであった。このショックは域内に伝播し、マレーシア、インドネシア、フィリピンの金利も同様の経緯をたどった。これらの国もタイと同様の問題を抱えており、いったんバーツが下落すると、これらの国の通貨は激しい投機的攻撃にさらされた。

　その数ヵ月後に起こった出来事は、2つの均衡の間で移行が生じた可能性を示唆する。近隣の韓国は、タイや他の危機状況にある国々との貿易関係は限られていた。しかし、日本や欧州

70　第Ⅱ部　破綻：引き金と増幅装置

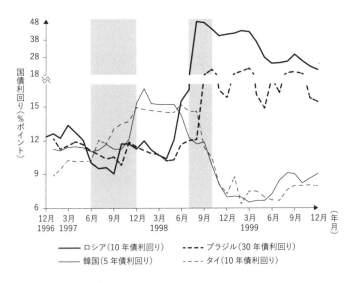

図5.3. アジア危機時の長期国債の利回り

凡例:
― ロシア(10年債利回り)　---- ブラジル(30年債利回り)
― 韓国(5年債利回り)　---- タイ(10年債利回り)

　の商業銀行を主要な債権者としていた点ではタイなどと同様であった。これらの銀行は融資を削減し、1997年10月には、外国人投資家が資本を国外に持ち出そうと急いだため、韓国ウォンは突然攻撃を受けることになった。中央銀行は同月、ドルに対して8％のウォン安を緩やかに進行させたが、ウォン売りは続き、通貨と韓国の資産価格はさらに25％、12月には1週間で4％下落した。誰もが国債の売却に走るため、国債価格は下落する。それは国債利回りの急上昇と同じことである。1997年の韓国国債の投げ売りは、図5.3に見て取れる。同様な現象はインドネシアでも起こり、規模はより小さいが、シンガポールや香港でも起こった。

　東南アジアにおけるこうした危機の2つの特徴は、本章のモ

デルと一致する。第一に、危機は大規模かつ突発的であった。各国は数週間のうちに良い均衡から悪い均衡へと移った。第二に、いったん悪い均衡に信念が調整されると、それに対してさまざまな国がさまざまな政策を試みて、ファンダメンタルズを変化させ、最適反応を有利な方向に変化させるはずであったものの、良い均衡に戻るには十分ではなかった。

最後に例を挙げて、この説明を補強する。1998年前半に東南アジアが混乱したのと同じ頃、ロシアは深刻な不況に陥っていた。1998年8月18日、政府は突然、資本規制と国債の債務不履行を決定した。1998年7月から1999年1月の間に、ルーブルは262％下落した。図5.3は、国債利回りがほぼ50％に達し、国債の価値が失われたことを示している。このため、米国拠点のヘッジファンドや投資信託は多額の損失を出し、マージンコール〔証拠金請求〕に直面して、世界中で投資を売却した。世界の裏側では、ブラジルが多額の資本流出、為替レートの下落、金利の急上昇を経験した。これは、たとえロシアとの貿易関係が重要ではなく、両国のファンダメンタルズが似ていなかったにもかかわらず起きたことである。同様な現象は、アルゼンチン、チリ、コロンビア、メキシコ、ベネズエラでも起こった。[4]

注
1) 投げ売りと流動性のモデル化については、Shleifer and Vishny (2011) および Brunnermeier and Pedersen (2009) を参照。
2) なぜ銀行は新たな株式資本を発行しないのか？　新たな株主は、隠れた損失の存在や、逆のフィードバック・ループによるショックの拡大を心配して、銀行への投資をためらうかもしれない。既存の株主は、銀行への出資比率の低下により損失を被ることや、銀行に対する支配権の一部を手放すことに反対する。通常、銀行は新たな株式を取得するよりも、

危機時には株式資本の激減に直面する。既存の株主が資金を銀行から他
に転じようとするためである。
3) △CoVaRの推定については、Adrian and Brunnermeier（2016）を参照。
4) これらの危機の詳細は、Radelet and Sachs（1998）、Corsetti, Pesenti,
and Roubini（1999）、Kaminsky, Reinhart, and Végh（2003）を参照。

第**6**章

支払能力と流動性

　資本移動のほとんどは、国内であれ国境を越えるものであれ、債券契約の形をとる。これは銀行間の資本移動にも、ソブリン債による海外投資にも当てはまる。債券が好まれるのは、債券が一定額の支払義務を課すからでもある。これにより、貸し手は借り手や事業の収益性に関する情報を収集する必要がなくなる。債務者が、満期を迎える債券の返済に十分な収入を現在および将来に持っているかどうかを評価すれば十分なのである。

　その一方で、企業が事業の資金を調達する際には、満期のミスマッチ〔資金が必要な期間と調達期間の不一致〕を起こすことも多い。事業が成果をあげるまでに時間がかかることがあるとしても、資金源となる債券はその前に満期を迎え、しばしば何度も借り替えなければならない。貸し手はこのミスマッチから恩恵を受けることができる。なぜなら、借り手に一定の規律を課すことができるため、借り手が事業を安全かつ真剣に運営していないと疑えば、債券の借り替えを拒否できるからである。最終的なキャッシュフローが発生する前に借り換えの必要が生じた場合、新たな資金が見つからなければ、事業は売却せざるを得ない。

　債券契約と借り換えの必要がこうして組み合わさると、支払能力（solvency）と流動性（liquidity）を区別する必要が生じる。

75

ある企業が支払能力を持つといえるのは、将来の正味キャッシュフローの割引現在価値〔将来の価値を一定の割引率を使って現在の価値に換算したもの〕が債務額を上回るときである。たとえ支払能力があるとしても、返済期限を迎える債券契約を借り換えるための資金を調達できなければ、流動性不足となる可能性がある。その場合、資金調達の流動性は低くなる。同時に、市場流動性が低いため、価格割引による大きな損失を被ることなく事業を売却することはできない。

支払能力は将来の収入に依存するため、将来の収入を割り引く金利が支払能力の評価を決める。将来の収入とある程度の負債を抱える企業は、金利が恣意的に高く設定されれば債務超過(insolvency)に陥る。さらに、将来のキャッシュフローのリスクが高ければ、リスクプレミアムも反映させる必要があるため、割引率は高くなる。流動性の問題は、金利の上昇と事業の中止が相互に影響しあって、金融システム全体に広がるにつれて、支払能力の問題に変形する可能性がある。

金融市場が不完全な場合、企業は、支払能力はあっても流動性不足となる可能性がある。たとえ企業の将来のキャッシュフローの割引現在価値が正であったとしても、金融上の摩擦から、利払いと返済を債務の繰り延べによって続けることができなくなる可能性がある。この区別が重要になるのは、流動性の払底時に金利が上昇すると、一部の企業や事業が破綻して、破産費用として社会に損失を残す可能性が高くなるからである。政策による支援は可能であっても、債務超過の企業と流動性不足の企業を区別できるかどうかが危機の重要な診断になる。[1]

76　第II部　破綻：引き金と増幅装置

6.1 | 負債と流動性不足と債務超過の区別の難しさ

仮定として、すべての人がリスクに対して中立的であり、将来の価値を現在と同じと考えるため、将来価値の割引はすべて金融摩擦〔市場取引を妨げる要因〕によるものとする。ある企業が、ある事業を次の期間まで継続させるため、金額qの借り換えを必要として市場に参入する。この事業は、存続すればランダムな収益zをもたらす。具体的には、収益は0と1の間の任意の値を等しい確率でとり、期待値は$1/2$となる。

企業は債務不履行の可能性のない債券契約を結ぶことはできない。契約の規定では、債権者は今日のqと引き換えに、将来、額面Fの支払を受ける権利があるとされる。収益が約束された支払額より大きくなっても、支払義務があるのはFだけで、残りは企業家の利益となる。収益が約束支払額よりも小さい場合、企業が債権者に支払えるのは、zがいくらになろうと、zが限度である。

図6.1の上のパネルは、この取引の収益を示すために、縦軸に借入金の額面F、横軸に事業の実際の収益zをプロットしている。右上向きの線は45度線である。約束された額面支払額がF_{low}の場合、zがF_{low}を下回ると、負債の収益は45度線に等しくなる。収益zがF_{low}を上回る場合、F_{low}のみが支払われるため、負債の収益は水平線に等しくなる。

同様に、約束された債務支払額がF_{high}と高い場合、事業の収益zがF_{high}を下回ると債務不履行となるため、債務不履行の確率はFが高いほど高くなる。しかし、債務不履行がなければ、支払額は当然、高くなる。

貸し手が予想する収益は、借り手が債務不履行に陥ったとき

図6.1. 債券の支払能力と流動性

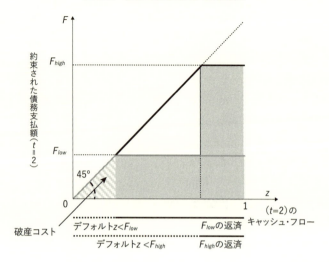

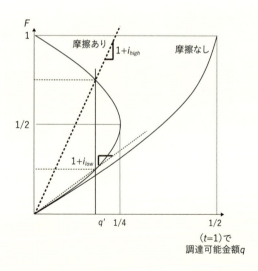

78　第II部　破綻：引き金と増幅装置

に予想される支払額と、債務が全額支払われる場合に約束される実際の支払額の和に等しい。債務不履行時の予想支払額は、$z < F$のときのzの期待値に等しい。債務が全額支払われる場合の予想支払額は、約束される支払額Fに$z \geq F$となる確率を掛けたものに等しい。図示すれば、一様分布のもと、それは下段のF_{low}に対応する水平線の下側の面積、または上段のF_{high}の水平線の下側の面積となる。あるいは、影付きの長方形とその左側の三角形の合計である。[2] 約束された支払額の最大値Fが1である場合、企業は常に債務不履行に陥り、貸し手は事業の全価値を獲得するという意味で、実質的に株式保有者となる。企業が約束できる予想（純）収益は、$F = 1$の三角形の面積である1/2となる。

　ここで、債務契約による制約以外の金融摩擦について考えよう。倒産費用の存在である。企業が債務不履行に陥ると、事業収益の一部が消失するという意味で、価値がいくらか失われる。倒産は費用のかかるプロセスであり、債権者が資産を差し押さえれば、起業家がアイデアとスキルを用いてもたらしたと思われるキャッシュフローをその資産から生み出すことはできない。この摩擦を極端に単純化して考えてみよう。債務不履行の発動が、常に事業の価値全体の消失につながる場合である。弁護士や破産裁判の手数料、不満を持つ借り手が差し押さえの前に事業を台無しにすることなどが組み合わさって、収益をすべて食いつぶすのである。よって、金融摩擦があると、$z < F$の場合、z全体が失われるため、貸し手も借り手も何も得られない。さて、事業の総収益は、事業が企業と債権者の間でどのように分割されるかに依存する。

　約束される負債Fの予想収益は、それが支払われる確率と支

払額を掛けたものに他ならない。[3] 図示すれば、6.1の上のパネルにおいて、これは影付きの長方形の面積である。三角形は破産費用に食われて収益から欠落している。

ここで、約束される返済額が異なる（F_{low}とF_{high}）、2つの債務契約を比較する（図を参照）。貸し手にとってのそれらの予想収益は同じで〔同じになるまで貸し手は裁定取引を行なうと考えられるため〕、F_{low}の下の影付き部分の面積と、F_{high}の影付き部分の面積（一部は前者と重なる）によって表されている。これは、約束される額面金額が高い債務契約は、返済の可能性が低いからである。極端に言えば、額面が1を超える債務契約と額面が0の債務契約は、どちらも無価値である。前者は、常に債務不履行を発動するので、けっして返済されず、後者は、常に返済されるが、ゼロでしかないためである。この例では、貸し手はリスク中立的であり、時間選好を持たないので、影付き長方形で表される予想収益は、借り手が最初に借り換えのために調達できる金額qと一致する。

図6.1の下のパネルは、横軸に借り手が最初に調達できる金額qを、縦軸には約束される債務の返済額をプロットしている。破産費用がない場合、Fの増加はqの増加につながり、右上がりの曲線で描かれている。上側のパネルに描かれているように、負債の額面が高ければ高いほど、長方形とその左の三角形の面積で示される負債の予想支払額は上昇する。よって、借入可能額も増加する。借入が必要な金額が1/2（$F = 1$のときの曲線上の点）を下回る限り、企業は債務超過に陥らない。

破産費用がある場合、上側のパネルの長方形のみが、最初に調達できる金額を示す。下側のパネルで、借金の予想返済額に見合う借入額（q）は、後方に曲がる部分を持つ放物線を通じ

て、約束される額（F）と関連している。放物線上の右の頂点は、約束される支払いが1/2となる点であり、確率1/2で支払われるため、予想返済額は1/4となる。この金額までなら、貸し手は借り換えに応じることをいとわない。

　企業が債務超過に陥るのは、1/4を超える借入が必要な場合、つまり、放物線の右側の金額の場合である。このとき借り手は企業への投資から負の利益を得ることになり、回収できると予想される以上の金額を貸すことになるからである。ところで、原点から放物線に向かう線の傾きは、約束される額面を融資額qで割ったものであり、融資により支払われる約束された粗利子率$1+i=F/q$を与える。当然ながら、利子率はFが高いほど高くなる。[4]

　しかし、たとえ企業が1/4を下回る額qの資金をいま調達しなければならないとしても、それはできないかもしれない。単一の貸し手がqを持っているのでなければ、それぞれの貸し手が求める額面Fは、他の貸し手の要求に依存する。2つの均衡の可能性がある。他の貸し手が低い額面金額、例えばF_{low}しか要求しない場合、調達可能な資金量は上側のパネルの面積で与えられ、下側のパネル（x軸）ではq'で示される。そうなると、債務不履行が生じるのはキャッシュフローzの実現値が非常に低い場合のみとなる。つまり、倒産確率は低く、だからこそ、投資家は低い額面F_{low}（すなわち低い約束金利）で貸し付けを行なう。しかし、他の貸し手が高い額面F_{high}を要求する場合、債務不履行はzのより多くの実現値に対して起こるため、可能性が高まる。債務不履行の確率が高まるとなれば、単一の貸し手も高い額面（または利子率）を要求するだろう。借り手がはるかに高い額面を約束するにもかかわらず、同じ資金調達額q'

（2つの長方形の面積は同じ）を与える第二の均衡結果がある。この場合、4分の1は下回るがq'を超える借り換えをしなければならなかった機関は、支払能力は維持するが流動性不足となる。

　経済は突然、低額面均衡から高額面（流動性不足）均衡へ移行する可能性がある。貸出は戦略的補完性をもつからである。他のすべての貸し手が高い額面（金利）でしか貸出を行なわない場合、貸し手は高い額面（高率）を要求する。対照的に、他のすべての貸し手が低い額面金額での貸出に応じる場合、債務不履行の確率は低くなるため、各貸し手は低い額面金額で満足する。要するに、債務水準が持続可能で債務不履行の可能性が低いと市場が考えていれば、課される金利は低く、高い債務水準を持続することができる。そうではなく、債務不履行の可能性が高いと市場が考えている場合、金利は上昇し、持続可能な債務限度額は低下し、債務不履行の可能性は高くなる。

　ところで、流動性危機においては高金利の方が借り手（と社会）にとって不利である。債務不履行の確率が高くなるため、その大きな社会的費用が現実化する可能性が高まる。図の上側のパネルで影付きの長方形の左にある三角形は、金融摩擦に起因する債務不履行の社会的費用の予想値を表しており、これは破産手続きによって失われる資源である。または、下側のパネルの上向きの曲線と放物線の間の水平距離は、これらの予想損失額を表す。約束される支払額がもっと高いF_{high}の場合、費用はF_{low}の場合よりも高くなる。

　企業は、この流動性不足の均衡に陥ることを避けるため、借り入れる必要のある金額qを減らすことができる。1つの方法は、簡単に売却できて値下がりもほとんどないような、市場流動性の高い資産を保有することである。現金は特に流動性の高

82　第II部　破綻：引き金と増幅装置

い資産である。均衡が切り替われば、企業はこれらの資産を使って借入を減らすことができる。もう1つの方法は、そもそも事業完了と負債の満期のミスマッチを避けることである。収益zが実現したときのみ返済する必要が生じるような負債を持つことが可能ならば、危機を招きかねない借り替えを避けることができる。

この分析は、借入機関が企業、銀行、国のいずれであれ、債券を発行する限り当てはまる。借入主体が政府であれば、将来のキャッシュフローzは財政黒字であるが、これは政治の影響を受けるため、特に予測が難しい。国が獲得できる財政黒字には限度がある。なぜなら、税収には上限があるうえ、政府は最低限のサービスの提供と年金や公的賃金の支払いを約束しているが、こうした約束は時間とともに変化するかもしれないからである。こうした政治の不確実性が加わることもあり、ソブリン債は流動性危機や支払能力危機に陥りやすくなる。

IMFのような機関は、問題を抱える国に海外から政策支援を提供することができる。ファンダメンタルズに負のショックが生じて、事業収益z（この場合は将来の財政黒字）が低くなったと考えよう（上図の横軸下の長方形）。すると、放物線の頂点は低くなり、金利は上昇する。この国はもともと頂点に近かった可能性があり、小さな負のショックでも債務超過に陥り、金利の極端な上昇が正当化されるかもしれない。あるいはそうではなく、ショックが引き金となって、貸し手の信念が放物線の流動性のある部分から不足する部分へと変化したのかもしれない。この場合、金利上昇の原因は流動性危機である。放物線の頂点を推定するのが難しいように、債務超過と流動性不足の区別も難しい。

第6章 支払能力と流動性 83

国の支払能力が不足している場合、海外からの援助は結局、その国への資金の移転になる。それによって資金調達に必要な q が頂点以下に引き下げられる。これで債務国の危機は解決するが、当然ながら、海外の納税者は通常こうした資金の移転を認めたがらない。あるいは、国の流動性が不足しているだけならば、低い固定金利で、F_{low} よりも高く F_{high} よりも低い額面金額の貸し付けを約束すれば、危機を無理なく解消できる。悪い均衡は選択肢から消えて（この国はむしろIMFに救いを求めるため）、民間の債権者は協力して望ましい均衡点に到達することができる。富の移転は起こらない。国内的には、国が債務超過に陥った場合、すぐに債務不履行として、債務を再交渉し、前進するのが最善である。流動性不足の場合は、市場の混乱に耐えて支払能力があることを証明する時間を稼ぐことで、債権者を納得させて良い均衡に移行するように試みることができる。2つのどちらであるかは、政策立案者の下すべき重要な診断である。[5]

6.2 | 1931年のドイツ銀行システムの破綻

流動性不足の問題への対応が間に合わないと、支払能力の問題に変形する。この問題は、拡大して金融システム全体を崩壊させ、実体経済さえも傷つける可能性がある。

1931年5月11日、オーストリアのクレディタンシュタルトという銀行が破綻した。同年7月13日、ドイツ第二の銀行ダナートバンクが破綻し、ドイツの銀行システム全体の危機につながった。ダナートバンクはクレディタンシュタルトとは契約関係になかった。しかし、前者の破綻は欧州中の銀行の債権者

84   第II部　破綻：引き金と増幅装置

の不安をあおり、ダナートバンクが流動性不足に陥る均衡に移行するきっかけとなった。まもなく、ドイツの金融システム全体がシステミック・メルトダウン〔制度全体の崩壊・破綻〕に陥り、世界恐慌の一因となり、特にドイツに甚大な被害をもたらし、アドルフ・ヒトラーの台頭を招いた。

メルトダウンは3段階で起こった。第一に、ドイツの銀行はインターバンク市場で互いに融資することを拒否した。第二段階では、ホールセール市場も干上がった。最後に、リテール預金者が銀行に殺到した。当時は預金保険がなく、当初、人々は要求払い預金を振り替えるのみで、ある銀行から資金を引き出して、他の（より安全な）銀行に預け直した。その後、システム全体で取り付けが起こった。

銀行は資金調達の流動性問題の深刻化に直面して、保有する流動資産を売却した。図6.2は銀行システム全体の資産の減少を影付きの面積で示している。銀行は貸出も減らしたが、銀行間貸出と流動性証券の減少はより急激だった。ある銀行がインターバンク流動資産の保有を減らすと、別の銀行の資金調達の流動性が減る。というのも、ある銀行が他の銀行から短期債務を買わなくなると、後者は短期流動資産を売って、他の銀行への貸出を減らさなくてはならないからである。図6.2の線は、連結銀行システムの負債サイドを表し、当初は主に銀行間借入が減少して、その後、1931年6月に預金が急減したことを示している。

通常、流動性の取り付け騒ぎが起きた場合、中央銀行が最後の貸し手として介入する。しかしこの場合、ドイツの中央銀行であるライヒスバンク〔ドイツ帝国銀行〕は金本位制の制約を受けていた。流通貨幣の40％の金準備を保有する義務を負って

第6章 支払能力と流動性 85

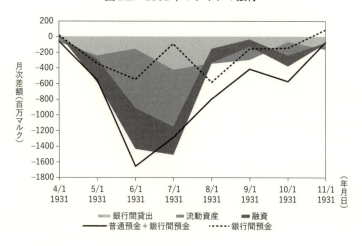

図6.2. 1931年のドイツの銀行

いたのである。取り付け騒ぎが激化するにつれ、ライヒスバンクは金準備をますます失っていった。金保有比率への抵触を避けるため、銀行が中央銀行から借り入れる際の金利を引き上げて、融資の担保要件を厳しくした。これは、金融危機に伴う金の国外流出を阻止するためであったが、金融危機を増幅させた。最終的に、ライヒスバンクは銀行システムへの流動性支援を完全に止めざるを得なくなって、ダナートバンクは流動性不足に陥り、広範なパニックが起きて、銀行休業日を設けて事態を収拾しなければならなかった。

　1931年のドイツのメルトダウンは、流動性不足の問題が、いかに銀行や国を越えて波及し、より深い支払能力の問題へと変形するかを示した。ドイツの銀行危機は1932年3月までに沈静化したが、それは、破綻したダナートバンクを政府がドレスナー銀行と合併させ、またドイツ最大の銀行であるドイツ銀

86　第II部　破綻：引き金と増幅装置

行の株式の3分の1を取得した後であった。[6]

6.3 │ 2010〜12年のギリシャ国債危機とIMF

2009年10月、ギリシャ政府は統計局が10年もの間、財政赤字と債務残高を過少報告していたと明かした。その前の2年間は、世界的不況の影響で財政赤字が膨らんでいたが、2009年の財政赤字は、GDPの3.7%という従来の推計から、12.5%という新たな推計に変更された。2010年1月12日、欧州委員会は辛らつな報告書を発表して、新しい数字も信用し難いと述べ、社会保障、病院、公営企業の資金調達に問題があると指摘した。ギリシャ政府の債務支払能力は低下したとみなされ、同時に、そうした報道が債権者の信念を改めるきっかけになったと思われる。

10年物ギリシャ国債の利回りは、2009年9月末時点で4.5%、2010年1月末には7.0%だった。7月には2桁になり、18ヵ月後には26%になった。これは、ギリシャが債務不履行に陥るとの見方が強まった結果なのか、それとも、流動性危機の結果なのか？

図6.3は、各時点でその後5年の間にギリシャが債務不履行に陥ると市場がみなした確率の推計を示す。推計の基は、債務不履行に対して保険をかけるために投資家が進んで支払う保険料に基づいている。2010年5月、債務超過の見方が急増した後、IMFとEUは3年間の救済策を発表した。これにはIMFが決めた固定金利で最大1100億ユーロの信用供与が含まれていた。1週間後、EUは4400億ユーロの融資能力を持つ欧州金融安定基金（EFSF）という新たな機関を設立し、ECB（欧州中央

第6章　支払能力と流動性　87

図6.3. ギリシャ国債が債務超過に陥る確率に対する見方

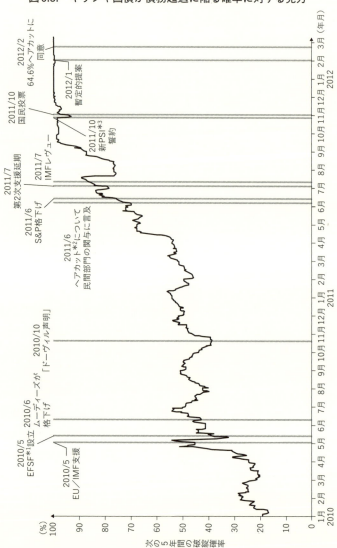

88　第II部　破綻：引き金と増幅装置

銀行）はソブリン債を購入する証券市場プログラム（SMP）を発表した。こうした機関はすべて、ギリシャが直面しているのは流動性の問題であると確信していた。幸い、ギリシャの金利は5月初めの8.9%から月半ばには7.8%まで急落した。このことは、公的プログラムが悪い均衡を解消することと整合的だった。[7]

　しかし、債務不履行の見方は根強かった。1ヵ月後、信用調査機関ムーディーズは、債務不履行の可能性が高いとしてギリシャ国債を「ジャンク」と格付けした。10月、ドーヴィルの町で、フランス大統領とドイツ首相は、両国がギリシャの債務を全額支払うことはなく、民間債権者に債権の一部放棄を要請すると発表した。債務不履行の見方は強まり、50%を超え、2011年6月には70%に達した。このとき、フランスとドイツの政府はさらに「民間部門の関与」を主張し、債務不履行の場合に債権者が請求できるギリシャ国債の残存価値について交渉するプロセスを開始した。債務不履行の見方は再び高まり、別の信用調査機関スタンダード・アンド・プアーズも債務返済不能のリスクが非常に高いと評価した。

　この頃までに、公的な債権者は1年前とは考えを変えていた。EUはギリシャのための第二次救済策を延期し、IMFは7月の審査で、債務が「高い確率で」持続可能ではないと認めた。返済不能をこの頃までには誰もが認め、2011年10月までにEUは債権者に貸出額の50%の放棄を受け入れるように提案していた。新首相が就任し、1月に別の暫定案が提示された後、2012年2月までにギリシャは実際に債務不履行に陥った。債権者は既存の1,770億ユーロのギリシャ国債を現在価値が64.6%低い新たな国債と交換した。

第6章　支払能力と流動性　89

振り返ってみると、2010年の初めにギリシャが債務返済不能であったことは、もっと明確に認識すべきだったかもしれない。それから2年後の実際の債務不履行までの間に、民間資本の流れが劇的に逆転した。それまでの10年間は資本がギリシャに流入していたが、いまや一斉に流出していた。この間、資本流入の総額も減少したが、民間資本の代わりに公的資本が投入されたため、劇的な減少にはならなかった。外国から正式に供与された信用が何年もかけて徐々に返済されるにつれ、EU諸国がギリシャにどれほどの額を移転したかは、将来明らかになるだろう。

　同じ頃、イタリア、ポルトガル、スペインでも同様の資本流出入と金利急騰が起こった。いずれの国も債務不履行には陥らず、わずか数年間の公的資本投入の後、比較的低い金利に戻ることができた。これが示唆するのは、これらの国がおそらく流動性不足だったということであり、ギリシャの問題が引き金となって悪い均衡へと信念が移行したが、それはEU／IMFのプログラムの支援により解消された可能性である。ただし、2010年初頭の時点で、ポルトガルはギリシャの2倍の対外純債務を抱え、過去10年間のイタリアの1人当たりGDPの伸びは45％低く、スペインの銀行は経営状態が悪い状態にあった。より一般的な教訓は、リアルタイムでは債務超過と流動性不足を区別することはほぼ不可能だということである。[8]

注
1)　短期債務が借り手に規律を課す仕組みとしていかに機能するかについては、Calomiris and Kahn (1991) やDiamond and Rajan (2001) を参照。
2)　数式で表すと、債務不履行による予想支払額は$(1-F)F$、つまり、確率と

支払額の積である。負債が全額返済されるときの予想支払額は、その確率Fに期待値$F/2$を掛けたものである。それらの和$F-F^2/2$が貸し手の予想収益となる。

3) 数式で表すと、これは$(1-F)F$である。

4) 数式で表すと、iを負債の金利とすると、$q(1+i)$は負債の予想支払額に等しく、それは金融摩擦がなければ$F-F^2/2$、金融摩擦があれば$F-F^2$となる。

5) 金融摩擦と、支払能力vs流動性については、Brunnermeier, Eisenbach, and Sannikov (2013) を参照。

6) 図と背景資料はBlickle, Brunnermeier, and Luck (2019) から引用。

7) CDS〔クレジット・デフォルト・スワップ〕の図〔図6.3〕は、5年物ギリシャ国債CDSスプレッドのデータを使用し、債務不履行がポアソン事象として（ランダムに）到来し、回収率はCruces and Trebesch (2013) によって判明した35.4%であると仮定して、契約期間中の債務不履行の確率を計算したものである。

8) ギリシャ危機については、Gourinchas, Philippon, and Vayanos (2016) および Chodorow-Reich, Karabarbounis, and Kekre (2019) を参照。

訳注（図6.3）

＊1　EFSF：European Financial Stability Facility（欧州金融安定ファシリティ）

＊2　ヘアカット：債務元本の減免。

＊3　PSI：Private Sector Involvement（民間部門関与）

第6章　支払能力と流動性　　91

第**7**章

民間部門と公共部門の
つながり

　米国外の銀行は通常、かなりの額の国債を保有している。こ
れにはいくつかの理由がある。

　第一に、金融規制により、銀行は資産の一部を安全な有価証
券で保有することを義務付けられている。金融規制のルールで
は、政府が保有する国債は無リスクとして扱われ、債務不履行
の可能性が無視されている。言い換えれば、銀行は国債を保有
するために自己資本を確保する必要がないのである。国債の不
履行リスクが高い場合、高い金利が支払われるため、自己資本
を保有する必要がある他の選択肢と比べて魅力的な投資となる。

　第二に、銀行は、国債が中央銀行に好ましい担保として認め
られることを知っているので国債を保有する。国債を資産と
して保有することで、銀行は中央銀行による流動性の供給を必要
な場合に利用できるようにしている。特に財政危機の間はそう
であり、リスクの高い国債を担保に中央銀行から借り入れる。

　第三に、多くの国の国債市場では、発行時にまず銀行が政府
から国債を購入し、その後、時間をかけて他の民間投資家に転
売するようになっている。銀行は国債のプライマリー・ディー
ラー〔国債の新規発行の引き受けに入札することが認められ、マーケ
ット・メーカーとしても機能することを求められる金融機関。日本で
は「国債市場特別参加者」〕であり、この活動は利益をもたらすが、

93

国債の買い手を見つけるまで、しばらくの間、国債を保有し続ける必要が生じることが多い。

第四に、銀行の監督者である政府は、リスクの高い負債の買い手を見つけなくてはならないため、しばしば「道徳的説得」を用いて、銀行に対して、リスク・リターン特性から勧められる以上の国債を購入するように圧力をかける。これは望ましいのかもしれない。なぜなら、銀行危機はしばしば経済全体に多大な費用をもたらすため、政府は、銀行に多くの国債を保有させることにより、債務不履行しないことを約束できるからである。これにより、第6章で議論した高金利の流動性不足の均衡は解消される。

同時に、銀行は政府による明示的・黙示的な保証を当てにすることが多い。明示的というのは、政府が銀行預金の一部を保証することで、銀行取り付け騒ぎの誘因を減らせるからである。黙示的というのは、銀行が十分に大きい場合、その破綻は、通常業務の一環として決済処理や短期信用供与を銀行に依存している多くの部門に波及するため、政府は、こうした大きな経済的費用を回避するため、たとえ事前に正式な保証が存在しない場合でも、経営難に陥った銀行の救済を選択することが多いのである。[1]

7.1 ｜ 悪魔の（破滅的な）ループ

国債の保有が国内銀行に集中している一方で、政府が銀行を保証している結果、悪魔の（破滅的な）ループが生じる。流動性危機のせいで投資家が国債の債務不履行リスクの認識を強めたと想像しよう。新発債の金利が上昇すれば、銀行が保有する

既発債の価値は低下する。この損失は大きく、悪循環と逆のフィードバック・ループを通じて増幅され、貸出の削減につながる。第一に、銀行の自己資本が減少すると、政府保証が発動される可能性が高まる。この潜在的な追加支出は財政収支を悪化させ、国債の価値をさらに下げ、銀行のバランスシートを弱める。第二に、銀行は経済全体への貸出を減らし、それは経済活動を低下させ、税収を減らし、〔社会保障や経済対策のための〕政府支出を増加させる。その結果、政府財政は悪化する。

バランスシート間のループは民間部門内でも生じる。例えば、住宅建設業者と家計の行動を考えてみよう。銀行が融資枠を縮小して金利を引き上げると、住宅建設業者は市場での取引が少ないときに在庫の住宅を投げ売りしなければならなくなる。さらに悪いことに、未完成の建物を放棄しなければならず、富を破壊することになる。以前の投資を取り消すことはできないからだ。家計は住宅ローンをそれほど簡単には組めなくなり、おそらくローンの金利上昇に直面するため、個人的なショックがあれば、住宅を投げ売りすることを余儀なくされる。その結果、建設活動は落ち込み、不動産部門は危機に陥る。しかし、建設会社が多大な損失を被り、住宅所有者が住宅ローンを滞納するようになると、住宅ローン証券化商品の価値も下落し、それがさらに銀行に打撃を与えて、金融システムのさらなる損失にはね返る。経済活動が全体として低迷あるいは不況の均衡状態にまで引きずり降ろされる可能性がある。これは政府の税収を減少させ、ひいては国家債務不履行の可能性を高める。バランスシート間のループは、経済全体で互いにつながっているさまざまな市場間のショックの増幅に寄与する。金融システム全般にわたる危機が、当初のショックの一般均衡的な伝播を通じて、

第7章　民間部門と公共部門のつながり　　95

図7.1. ソブリン・リスクと金融リスクの悪魔のループ

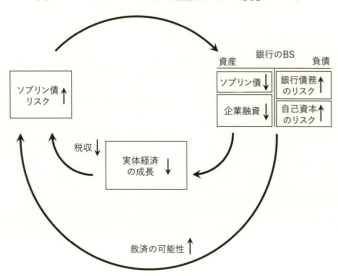

実体経済へと波及する。図7.1はこの悪魔のループを示す。[2]

7.2 | 2007〜10年における欧州の銀行とソブリン債

　欧州の銀行は特に自国のソブリン債を保有する傾向が強かった。各国のソブリン債は、たとえ国の財政状況が破綻寸前の場合で、危機の期間を通じて規制当局によって完全に安全なものとして扱われていた。ユーロ圏全体の安全な債券はなく、ECBの政策は、準備預金と引き換えに各国のソブリン債を受け入れるというものだった。個々の国の国債市場は、特に小国の場合、流動性に乏しいことが多く、プライマリー・ディーラーとしての銀行への依存度が高まる。最後に、債務不履行が頻発した歴

史をふまえて、周辺国の一部は、公的債務を保有する銀行が提供するコミットメントに大きな価値を置く。

　他方、政府による銀行の保証は、広範囲に及んだが脆弱でもあった。欧州のほぼすべての国には、非常に大きな銀行がいくつか存在している。そのため、銀行を救済するという国家のコミットメントは信用されない。1つの銀行の救済にも多額の公的支出が必要で、そのための公的予算の余裕はほとんどないからだ。

　図7.2が示すように、悪魔のループは欧州危機で特に顕著であった。上段のパネル（a）は、2007年初頭から2010年末までのアイルランドの銀行とソブリン債の債務不履行の確率をプロットしたものである。[3] アイルランドの大手銀行は2007年と2008年に損失を被ったが、その一因は米国のサブプライム市場における損失であった。[4] 2008年9月にアイルランドの財務大臣は銀行に対する広範な政府保証を公表して、結果的に悪魔のループを強化した。図が示すように、銀行とソブリン債のリスクは緊密に連動するようになり、銀行が破綻して政府が救済しなければならなくなると、さらにその傾向が強まった。図は、同時期のギリシャの銀行とソブリン債のリスクの推移も示している。ギリシャは危機の初期に海外からの借入が難しくなったため、ギリシャの銀行はバランスシートに巨額のギリシャ国債を保有するようになった。悪魔のループは非常に強力で、ソブリン債リスクが上昇すれば銀行リスクも上昇し、その逆もまたしかりであった。

　図7.2 の下段のパネル（b）は、銀行およびソブリン債の債務不履行を示す指標の月次平均をプロットすることで、この関連をより体系的に示している。債務不履行のリスクがそれほど

図7.2. 欧州の国家と銀行のつながり

(a) 国家と銀行の債務不履行確率
（ギリシャとアイルランド、2007〜10年）

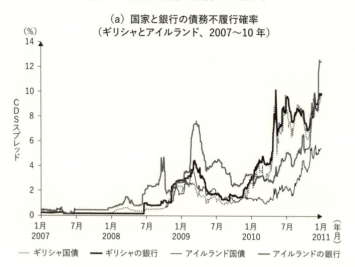

(b) 国家と銀行のリスクの相関
（イタリア2014〜17年、ギリシャとアイルランド2007〜10年）

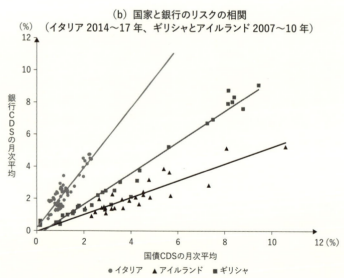

高くなかった最近の2014〜17年のイタリアのデータも含まれている。相関関係は強いままである。悪魔のループはユーロ圏でまだ解決されていない問題である。正の相関関係は明らかで、2014〜17年のイタリアでは、以前のギリシャとアイルランドよりもさらに高い。

悪魔のループを断ち切るために、さまざまな試みがなされてきた。例えば、2013年の春、ユーロ圏財務相会合の議長は、今後、破綻した銀行は、キプロスで起きたように政府に救済されるのではなく、シニア債〔リスクが3段階で最も低い債券。優先債〕を債務不履行にすべきだという見解をインタビューで示した。数時間のうちに、欧州中の銀行株は下落したが、国債利回りは安定し、魔性のループは縮小した。その後、政治的圧力によりこの声明は撤回された。[5]

7.3 │ アルゼンチンの2001〜02年危機

1990年代を通じて、アルゼンチンは高成長と低インフレを経験し、1991年以来、為替レートはカレンシー・ボード制（自国通貨の発行には裏付けとして外貨準備の保有を必要とする体制）により米ドルに厳格に固定されていた。同時に、いくつかの圧力が高まっていた。財政赤字はほどほどであったにもかかわらず、納入業者への支払いや増大する社会保障費の予算外の支出が続いていた。ブラジルに端を発して近隣諸国にも波及した1998年の危機は、大豆価格の下落と相まって、1999〜2000年にかけてアルゼンチンに不況をもたらした。[6]

2001年3月、財政赤字抑制策を実行できずに財務大臣が辞任し、議会は政府職員の給与と年金費用の削減を拒否した。夏

図7.3. 銀行による民間部門と政府への与信、および中央銀行への預金残高（アルゼンチン）

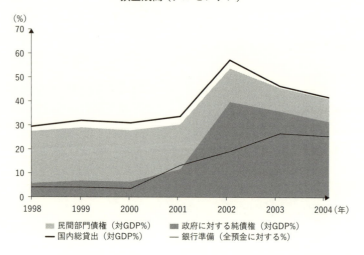

には支出抑制がさらに試みられたが、地方が独自に債券を発行し始めたため、効果は限られた。2000年10月から2001年7月にかけて、格付け会社はアルゼンチン国債を5回格下げした。

2001年を通じて、政府は外国人に負っている債務を借り換えることがますますできなくなっていった。IMFに融資を依頼したほか、政府は国内の銀行に国債を買わせた。図7.3が示すように、政府への信用供与の割合も、中央銀行における銀行の預金残高も、2001年の間に大幅に増えた。2001年12月23日、政府は突然債務不履行に陥り、銀行は多額の損失を被った。同時に、ドル建ての銀行預金は価値の低い国内通貨に交換された。ペソと米ドルの1対1の通貨ペッグが放棄された。これが引き金となり、銀行の取り付け騒ぎが何度か起きて、一定期間引き出しが停止された。深刻な銀行危機が生じたのである。

債務不履行のため海外からの借入ができなくなった政府と中央銀行は、銀行から多額の借入を行ない、民間企業への貸出は締め出された。図が示すように、2002年には、資本規制により預金が国内に維持されていたにもかかわらず、民間部門への信用が大幅に収縮した。銀行危機と財政危機は互いに影響し合い、深刻な景気後退を招いた。2002年の実質GDPは11％落ち込んだ。

銀行に政府債務の保有を強制することは、国債の販売が難しく、金利が高い場合によく行なわれる金融抑圧の一形態である。より直接的な方法は、銀行が中央銀行に無利子の預金（ときに所要準備と呼ばれる）を保有する額を引き上げることである。最近、より一般的になっているのは、銀行に対して負債の一定割合まで、安全で流動性の高い資産の保有を義務付けるマクロプルーデンス規制である。国債は、実態からかけ離れている場合でも、安全で流動性の高い唯一の資産とみなされる。もう少し巧妙な方法は、インフレの進行によって国債の実質価値は確実に目減りするものの、銀行に長期にわたって国債の買い替えを強制することである。[7]

注

1) ほとんどの経済において、銀行と政府との間には、これまでの各章で取り上げたような多くの緊密なつながりがある。公共部門は教育、医療、公共事業を通じた建設など、いくつかの部門で大きな比重を占めることが多いため、政府保証やその他の補助金は、第3章で議論したように、銀行によるこれらの部門への資本配分を促す。銀行は、政府（特に地方レベル）や公営企業（特に流動性が低いときに）に直接融資を行なうが、第4章で論じたような結果を招く。小国では、たとえ危機でない時には国債の販売が容易であったとしても、国債危機の発生時には、国債の流動性が著しく低下し、第5章で論じた戦略的補完関係を引き起こす投げ売りの対象となる可能性がある。第6章で議論したように、支払能力と

流動性の区別は政府と企業の双方にとって重要である。銀行は両方に融資しているため、支払能力と流動性は銀行にも波及する。

2) 悪魔のループについては、Brunnermeier et al. (2016) を参照。Brunnermeier et al. (2011) が初めてこの現象を魔性 (diabolic) のループと呼んだ。Obstfeld (2013) は破壊的 (doom) ループと呼び、Farhi and Tirole (2018) は死の抱擁と名付け、Acharya, Drechsler, and Schnabl (2014) は銀行と国家のつながりと呼んだ。欧州の政策スピーチでは逆フィードバック・ループと呼ばれることが多い。私たちはオリジナルの用語を使うが、すべて同じものを指す。

3) クレジット・デフォルト・スワップ（CDS）のスプレッドは、債務不履行に備えるために市場で課される保険プレミアムを測定する。図では、国内の3大銀行のCDSを平均している。

4) アイルランドの銀行の損失は、第5章で論じた資金スパイラルによって増幅された。

5) 欧州のエビデンスについては、Acharya, Drechsler, and Schnabl (2014)、Altavilla, Pagano, and Simonelli (2017)、Ongena, Popov, and Van Horen (2019) を参照。

6) 第5章で議論した。

7) アルゼンチンの話については、Sturzenegger and Zettelmeyer (2006) を参照。世界各地の悪魔のループについては、Gennaioli, Martin, and Rossi (2018) を参照。

第**8**章

安全資産への逃避

　金融危機の逆説的な特徴は、多くの部門や地域の金利が急上昇しているときに、他の種類の資産やある地域の金利がかなり低くなることである。こうした値動きは、安全資産への資本逃避を反映している。投資家が危険とみなす資産から安全とみなす資産にポートフォリオを移動させると、後者の価格が上昇する。このリスク・オンからリスク・オフへの移動は、金融危機を増幅させる可能性がある。なぜなら、こうした価格変化によってさまざまな資産の相対的リスクに関する認識が増強されるからである。

　国内では、株式から国債に移動が起こるのが普通だ。前者は後者よりも収益のリスクが大きいと見なされているからである。地域間では、この移動は新興国から先進国への資本逃避として起こる。後者の方が安全とみなされているからである。国境を越える資本移動は、逆方向の貿易の流れから生じる。より一般的には、マクロ経済的なかかわりから生じる。

　投資家がリスク資産から逃避して安全資産に殺到するという事実は、重要な問題を提起する。そもそも安全資産とは何か、その重要な特徴は何なのか。安全資産とは、予備的貯蓄の手段である。不利なショックの後でも比較的安定した価格で売却できる安全な価値貯蔵手段として利用できるものだ。[1]

103

8.1 | 安全資産

　安全資産の概念をよりよく理解するため、アリスとボブという2人のことを考えてみよう。2人はリスクを嫌い、予期せぬ出費、例えば車の修理代や医療費などの形で個人的なリスクに直面している。両者のリスクは完全に負の相関があると仮定する。アリスが負のショックに直面すると、ボブは正のショックに直面し、逆も同様である。理想的には、アリスとボブは互いに保険を掛けるべきだが、金融摩擦が原因で、それは不可能だとしておく。

　しかし、2人とも資産を保有することはできる。その市場は図8.1の白い長方形で示されている。簡単化のため、この資産はキャッシュフローをまったく生まないとし、よって、長方形にはゼロと書いてある。一見すると、それはファンダメンタル価値を持たない。他方の資産は、影付き長方形で描かれており、正のキャッシュフロー（CF）がある。ただし、アリスが負のショックに直面し、ボブが正のショックに直面した場合、アリスの影付き長方形は縮小し、ボブのそれは拡大して、アリスは支払いと引き換えに資産をボブに売却することができる。これは右下向きの黒い矢印で表されている。ボブが負のショックに、アリスが正のショックに直面した場合、逆の取引が起こる。このケースは図8.1の右上向きの黒い矢印で示されている。つまり、損失を被った人は、キャッシュフローがゼロの資産と引き換えにキャッシュフローが正の資産を受け取る。

　アリスとボブが互いに直接、保険をかけることはできないとしても、間接的にそれは可能である。（キャッシュフローがゼロの）安全資産を保有し、ショックが実現した後に再取引すれば

104　第II部　破綻：引き金と増幅装置

図8.1. アリスとボブの間の安全資産の取引

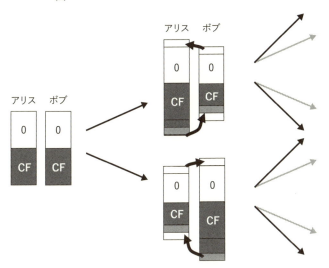

よいのである。このとき、安全資産は有用で価値あるものになる。キャッシュフローは生まないかもしれないが、再取引を通じた自己保険というサービスのフローを生むのである。これは安全資産の第一の特徴を浮き彫りにする。良き友人のように、安全資産は、アリスまたはボブが必要とするときに、そこにあり、価値をもたらすのである。

そのうえ、アリスとボブの双方が突然さらなるリスクに直面すると、安全資産は価値が高まる可能性がある。図8.1では、右向きの黒い矢印は灰色の矢印よりも大きいランダムな変化を表している。不況に突入しつつあり、よくあるように、困難な時期で人々のリスク回避志向が高まっていると仮定する。安全資産が提供する追加の間接保険サービスは、アリスとボブにとってさらに価値が高まる。彼らはより多くの自己保険をかけ、

予備的な安全資産の保有を増やしたいと思う。よって、安全資産の価値は危機の際に上昇する。言い換えれば、安全資産は、ある個人に特有のリスクが顕在化したときだけでなく、リスクの高い時期にはすべての人の味方となるのである。

　安全資産の第二の特徴は、取引がしやすいということである。これが理想的に達成されるのは、安全資産のキャッシュフローが、将来起こりうる広範で多様な状況にわたって同じ場合である。保有者は、将来起こることの可能性の大小を調査する必要がなく、他のトレーダーが、自分よりもキャッシュフローについて多くを知っていて、取引を有利に進めることを心配する必要もない。

　最後に、第三の特徴は、安全資産の地位がほとんど自己実現的だということである。資産が安全なのは、たいていの人に安全とみなされているときである。この最後の性質は、本質的には同語反復である。危機の時期にはリスクの認識が高まる。投資家はリスク資産から逃避して、安全資産に殺到し、資産の安全性を強化する。

　通常、国内では国債がこの役割を担う。国際金融では、米国債、ドイツ国債、日本国債のような世界的準備資産がこの役割を担っている。当然ながら、各国は安全資産の発行に熱心である。求められるリターンが低いため、安価な資金調達源となるからである。危機の際に、安全資産は価値を増し、政府にとっては、不況時に経済を安定させるためのさまざまな景気刺激策の資金調達のために安全資産を発行することが容易になる。結果として、その国の国債はマクロショックに対してより強靭になる。このメカニズムは、安全資産の地位にさらなる自己実現的要素を加える。

もちろん、債務再編の可能性が高まっているとみなされている場合などには、国の債務が安全資産の地位を失うこともある。その場合、資本は外国の安全資産に流れる可能性があり、その国の経済がさらされるストレスはさらに増幅する。投資家がリスクの高い資金を引き揚げるにつれて、企業は資金調達のプレッシャーを感じて、投資事業が減速する。その結果、全体的な経済成長率はさらに鈍化し、国内政府の債務不履行の可能性がさらに高まる。

8.2 ┃ ユーロ圏の借入コスト：2010〜12年危機

ユーロ圏には、安全な避難先となるユーロ圏の統一政府国債は存在しない。リスクの認識は資産の種類ではなく地域に対するものとなり、安全資産への逃避の流れは国を越える資本移動となる。図8.2は、ユーロ圏の中核国（ドイツ、フランス）と周辺国（ギリシャ、アイルランド、イタリア、ポルトガル、スペイン）の、1999年初頭から2018年末までの国債利回りを示したものである。[2] 危機の前には、これらすべての国の国債利回りがほぼ同じで、すべてが安全資産であった可能性を示唆している。

2010年初頭から2012年末にかけて、2つの系列は大きく乖離した。この間、政策立案者の一見無難な発言でさえ、周辺国の金利の急上昇と急低下を招き、市場を狂乱させた。同時に、中核国の利回りは歴史的な低水準まで着実に低下した。2つの金利の差のこうした急拡大は、周辺国から中核国への大規模な資本流出と周辺国の深刻な景気後退を伴った。

なぜドイツ国債は安全だと思われたのに、ギリシャ国債は違ったのか。利回りの差は3つのリスク要因に対応して生じる可

第8章　安全資産への逃避　107

図8.2. 欧州周辺国と中核国の10年物国債利回り

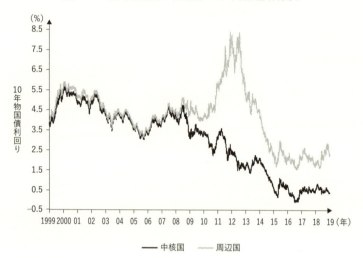

能性があり、投資家はこのリスクを負担するために、事前により高い補償を求める。第一の要因は、周辺国通貨の為替レートが中核国通貨に対して下落し、同じ単位に換算した場合のリターンが、公表されている金利よりも低くなることである。1999年にユーロが導入されて、両地域が単一の通貨を共有するようになったため、為替リスクの認識は消滅していた。しかし、それが2010年に「デノミ・リスク」という形で再燃した。これは、ユーロ建ての債務がユーロよりも価値の低い、新たに発行される国民通貨建てに変更されるリスクであり、事実上の債務不履行である。例えば、2007年にギリシャがユーロから離脱する確率を1％未満としていた金融契約では、2010年にはその確率が50％を超えていた。金利差が頂点に達した2012年7月、マリオ・ドラギECB〔欧州中央銀行〕総裁は次のよう

に述べた。「ECBはユーロを守るためなら何でもする用意がある。私を信じてほしい。それだけで十分なのだ。」このリスクに対する認識は急激に低下し、金利も低下した。

　第二のリスク要因は、安全資産の地位が失われる可能性である。脆弱なユーロ諸国の国債は、予備的貯蓄手段としての望ましさが低下した。もし他の人々がこれらの国債による貯蓄や自己保険を有用だと見なければ、各個人も有用だとは見なくなる。言い換えれば、これらの債券の（予備的貯蓄手段としての）サービスフローが低下したため、投資家は金利上昇という形でより高いキャッシュフローを求めたのである。これとは対照的に、中核国が発行する国債は安全資産としての魅力が高まったため、その利回りは低下し、ユーロ圏の周辺国から中核国への資本流出につながった。[3]

　第三に、安全資産の地位を失った周辺国は国債の利払いを増やさなくてはならない。これにより、国債の利払い負担が増え、政府債務の持続可能性が低下し、債務不履行の可能性が高まる。この債務不履行リスクの増大は金利をさらに上昇させる。マーストリヒト条約の救済条項においては、他の欧州機関が債務問題を抱える国を救済することを正式に違法としている。この制約の背後には、債務不履行リスクを明示化すれば、財政問題によって生じるインフレリスクを取り除けるという推論があった。なぜなら、ECBが事後的にインフレによって債務の実質価値を低下させることを余儀なくされることがなくなるからである。そのうえ、債務不履行リスクの明示化は、市場規律を活性化させ、規律ある予算ルールに従わない国には高い金利を課すための方法であった。さらに、周辺国の国債の債務不履行リスクが高まれば、それらは情報に敏感に反応するようになり、いかな

第8章　安全資産への逃避　109

る状況でもリターンが一定ということはなくなる。したがって、情報通の投資家はそうでない投資家よりも優位に立てる。投資家は撤退し、市場は凍結する。さらに、第6章で論じたように、政府が多額の債務を借り換える必要がある場合、流動性不足均衡という悪い結果が生じる可能性がある。

　別の解決策は、問題の根源、つまりさまざまな地域の債券とその基礎となる財政状況の間の非対称性に対処することである。共通の債券が発行されれば問題はそもそも生じない。なぜなら、それは単一の均衡を課し、地域を越える安全資産への逃避を伴わないからである。重要なことは、こうした債券の設計は、ある国が別の国の債務を保証しなくてもできることである。[4]

8.3 | 2020年の感染症大流行中の安全資産への資本逃避

　図8.3は、国際収支表の直接投資やポートフォリオ投資〔間接投資〕の合計によって、21の新興市場全体に向かう四半期ごとの資本移動の純額を示している。これらは上昇したり（横軸の上の棒グラフ）、下降したり（横軸の下の棒グラフ）するが、2005〜19年までのほぼすべての四半期でこうした資本移動はプラスで、2015年に短期間のわずかな例外があったのみである（この例外的期間は「テーパー・タントラム」*として知られるよう

＊テーパー・タントラム：2013年5月にFRBのバーナンキ議長（当時）が資産買い入れ額の縮小を示唆して、金融市場が大きく混乱したことを表現したもの。テーパーは縮小、タントラムは癇癪の意味。特に新興市場では米国からの投資資金の引き上げが予想されて、通貨安と金融市場の混乱が生じた。

110　第II部　破綻：引き金と増幅装置

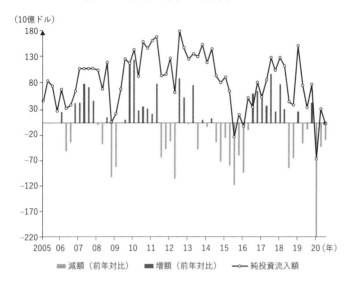

図8.3. 新興経済国への純資本フロー

になった)。2020年には新型コロナウイルス感染症が世界を席巻した。1月から2月にかけて、アジアの国々はウイルスの蔓延を封じ込めるために抜本的な対策をとった。3月には、欧州のほとんどの国と米国の多くの都市がロックダウンに入った。2020年第2四半期の経済活動は、世界のほとんどの国で記録的な落ち込みとなり、健康被害や経済被害がどの程度に及ぶのか、大きな不安が広がった。

これほど大きな前例のないショックは、巨額の資本逃避を引き起こした。2020年第2四半期には、700億ドルの投資が新興市場から先進国経済へ逃避した。資本が1,500億ドル流入していた2019年第2四半期に比べて2,200億ドルの減少となった。同四半期の先進国経済は、新興国経済よりもパンデミック

によって大きな打撃を受けた。しかし、先進国の金融市場はより安全であるという認識が資本を引き寄せた。これは逆説的に見えるかもしれないが、本章で議論した経済力と整合的であった。すなわち、中核国にさらに大きな負のショックが発生しても、世界全体の不確実性が高まることで相殺され、周辺国から中核国への資本逃避が誘発される可能性がある。

同時に、連邦準備制度理事会（FRB）は米国債市場の安全性を徹底的に保護した。FRBは、売却希望者から米国債を買い取り、流動性を必要とする者には米国債を担保に貸出を行ない、米国債が取引される市場のディーラーを支援した。良い政策と幸運が重なって、この変化は次の2四半期で元に戻った。新興市場から流出した資金がそのまま戻ることはなかったが、流出はすぐに止まった。少なくとも2020〜21年初頭にかけて、新興市場の危機は回避された。

注

1) 安全資産のモデル化、その特性、安全資産への資本逃避現象については、Brunnermeier, Merkel, and Sannikov (2022) および Calvo (1998) を参照。

2) これらの集計変数は、各国の変数の加重平均で計算した。加重は各国のGDPの期間平均である。利回りは10年物国債の利回りである。

3) ユーロ圏の資本移動についてはLane (2012) を参照。

4) こうした債券をいかに設計するかは、解決する以上の問題を生み出さないために極めて重要である。ユーロ圏が発行する債券のように、すべての地域が連帯して支払責任を負う債券では、ある地域が支払いを怠ると、他の地域が不足分を補わなければならず、大きなモラルハザードを引き起こす。連帯責任をなくして、こうした歪みを生じさせない別の方法として、ソブリン債担保証券（SBBSまたはESBies）の発行がある。詳細は、ユーロ圏についてはBrunnermeier et al. (2011)、世界の新興市場経済についてはBrunnermeier and Huang (2019) を参照。

第**III**部

政策と回復

第**9**章

為替政策と回復の速さ

　小国開放経済〔自由な資本移動、所与の外国利子率、変動為替相場制などを特徴とするマクロ経済分析の単位〕にとって、不況からの回復の速さ（レジリエンス、強靭さ）は、外国と比べた国内の財やサービスの相対価格、つまり、実質為替レートに部分的に依存する。実質為替レートが下落（減価）すれば、その国の輸出品は安くなり、輸入品は高くなる。国内支出は外国産から国内産の財に切り替わるため、両者の差額（貿易収支）は黒字に転じる。こうして国内生産が促進され、景気は回復する。

　この支出切り替え経路の強さは、実質為替レートがいかに早く、どのくらい下落するかによって決まる。国内財が安くなるのは、国内価格が外国価格に比べて相対的に下落するか、または名目為替レート（国内通貨1単位と引き換えに何単位の外国通貨を得られるか）が下落する場合である。たいていの経済では、財やサービスの価格の調整速度は遅いが、名目為替レートは通貨の価格であることから素早く動くことができる。よって実質為替レートの調整の大部分は、名目為替レートの変動を通じて行なわれる。ほとんどの先進国が従う共通の政策提言は、名目為替レートを自由に変動させることである。こうすると、不況の際に、実質為替レートが速やかに下落して、経済活動の素早い回復を誘発することができる。為替レートが柔軟であれば、

115

経済がショックに対して強靱になる。

　金融危機が原因となる不況は、この論理と処方箋を変えてしまう。一方で、為替レートを下落させる当初の力は、国から資本が逃避することもあり、他の不況の場合よりも強い。そうなると、投資家は自国通貨を売るため、名目為替レートは下落し、実質為替レートが減価する。他方、このような為替レートの減価が経済に影響を与える新たな経路もある。

　顕著な例は、新興経済圏では銀行を通じて外貨建てで借入を行なうことが多く、バランスシートにミスマッチが生じることである。資産や収益が国内通貨建てであるのに対し、負債や債務の返済費用は外貨建てだからである。為替レートが減価すると、国内通貨建ての債務額が増加し、債務返済の費用も増加する。そのため、消費と生産が回復し始めたとしても、投資は大幅に落ち込み、低迷し続けるかもしれない。銀行や企業の負債に対するこうした負の影響が十分に強ければ、負債を抱えてゾンビと化し、利益の留保による純資産の回復は緩慢にならざるを得ないだろう。これは回復をさらに遅らせ、強靱さを損なうことになる。極端な場合、為替レートの減価が投資に及ぼすマイナスの影響が、貿易収支へのプラスの効果を上回り、生産高が減ることもあるだろう。この場合、為替レートの減価は、景気後退を緩和するどころか増幅させる。政策への助言は違ったものになる。資本規制や為替介入によって為替レートの減価を防ぐ、あるいは減速させることに一定のメリットがあるかもしれない。[1]

9.1 | 為替レートと回復のモデル

　均衡では、投資が「国内貯蓄と海外貯蓄の合計」と等しくなる必要がある。国内貯蓄は、所得Yから「民間支出と公的支出の合計」を引いた差である。海外貯蓄についてみると、（問題としている）国内経済において外国人が貯蓄を行なうのは、国内で生産された財と引き換えに、その人の国の財をより多く国内に送るときであり、結果的に国内経済は貿易赤字になる。

　所得が増加すると、支出額が一定なら、貯蓄は増加する。しかし、所得が増えれば個人支出も増えるため、貯蓄の増加は所得の増加よりも小さくなる。さらに、所得が増えれば海外からの財の購入も増えて、貿易赤字が増えるので、外国人の貯蓄も増える。所得の増加が国内と海外の個人消費に及ぼす影響の大小によって、貯蓄の増加は所得の増加と1対1より大きくなるか、小さくなる。いずれにせよ、図9.1の右上がりの実線が示すように、貯蓄は増加する。この場合、所得に対する貯蓄の関係の傾きは1より小さいと想定されている。

　図には投資関数（I）も示されている。摩擦のない金融市場で投資を左右するのは、投資から得られる限界収益と企業にとっての資金の限界費用との比較のみであり、生産水準には依存しない。よって、この関数は図9.1のパネル（a）では水平線である。投資と貯蓄の内部バランスが、2本の直線の交点（図の点A）で生産水準を決定する。

　貯蓄も投資も実質為替レートeに依存する。長期均衡では、貿易の収支が保たれ、経済は海外からの借入も貯蓄も増やさず、実質為替レートeはほぼ1である。これが購買力平価の条件であり、国内製品と外国製品が最終的には同じ実質価格で売れな

第9章　為替政策と回復の速さ　117

図9.1. 内部調整と外部調整

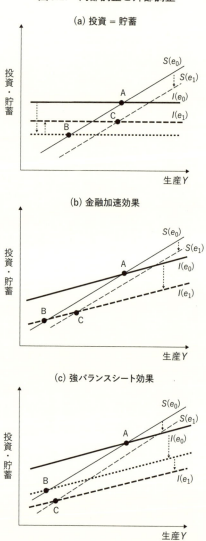

ければならないとされる。しかし、どの時点においても、経済はこの長期均衡にあるとは限らず、為替レートは1とは異なり、貯蓄と投資の両方に影響を与えるだろう。

貯蓄から始めると、為替レートが上昇（eが上昇）すれば、国内製の輸出品は外国人にとって割高になり、輸入品は国内で割安になる。その直接的な影響は、貿易収支の悪化である。同時に、逆方向の間接的な影響もある。なぜなら、輸入される単位当たりの支払額が減少し、貿易収支を改善するからである。マーシャル・ラーナー条件とは、為替レートに対する輸出と輸入の弾力性が十分大きければ、直接効果が間接効果を上回るというものである。そうであると仮定すると、（これまでの説明とは逆に）為替レートが下落する場合は、貯蓄曲線は下方にシフトすることになる。国内経済における海外貯蓄が減るからだ。

投資に目を向けると、投資を支える資本の一部は海外から来るので、外国人による国内経済への融資意欲に依存する。為替レートが長期的な値より一時的に高いとき、為替レートは下落すると予想される。その場合、外国人は国内企業への国内通貨建て貸出について外貨建てでの損失を予想するため、貸出に対してより高い収益を求める。これは投資を減少させるので、eの上昇は投資関数を下方に移動させる結果となる。

残るは、為替レート自体を決定するのは何かを理解することである。ある時点の為替レートの値を決めるのは対外収支である。経済が貿易赤字のときは、外国人が国内金融期間に貯蓄しているはずであり、資本は海外から流入している。貿易赤字は通貨高により増大する。通貨安が予想されると資本移動は減少する。この2つが等しくなるところで均衡実質為替レートが決まる。

生産高と背後にある為替レートの決定を説明するこの単純な
モデルを使えば、金融危機の影響を分析することができる。図
9.1のパネル（a）の均衡点Aから出発して、外国人が、支払
不能の恐れや安全資産への資本逃避のために、国内経済への融
資意欲を減退させると想像してみよう。国内では企業の借入が
減少するため、投資曲線は下方にシフトする。固定為替レート
の場合、経済は点Bに移動する。景気後退に入るため、生産高
が減少する。遅かれ早かれ、最終的には、通貨の下落または外
国価格に対する国内価格の下落により、実質為替レートが調整
される。これは対外収支を回復するために必要なことである。
この通貨安は貯蓄を右へ、投資を上へとシフトさせるため、経
済は点Cに移る。為替レートの調整によって可能となった迅速
な回復である。政策によって、通貨を変動させて実質為替レー
トの調整を早めることができるだろう。こうすることで、名目
為替レートがほとんどを担うことができる。効果が出るまでに
時間がかかる傾向のある価格の引き上げとは対照的である。

　図9.1のパネル（b）と（c）は、金融市場の不完全性を織り
込んでおり、為替レートの大幅な下落による経済の急回復とい
う好意的な見方を修正している。投資は借入コストだけでなく、
売上高にも依存する。企業がより多くの収益を上げることがで
きれば、より多くの借入が可能になる。なぜなら、貸し手はそ
の企業が存続可能であり、苦境に陥っても債務返済を続けるこ
とができるという安心感を得られるからである。さらに、キャ
ッシュフローが増加した企業は、より安価な投資資金源として
それを利用することができる。こうしたキャッシュフロー効果
は、パネル（b）に描かれているように、右上がりの投資関係
に変換される。最初のショックに起因する危機がいまや増幅さ

120　第III部　政策と回復

れて、点Bは以前よりも左寄りになっている。不況は企業による投資の減少を招き、その結果、実質経済の活動はさらに低下する。これは金融加速効果と呼ばれ、経済をより不安定にする。それでも、為替の減価は安定化要因として機能するだろう。

　第二の金融チャネルは、減価の影響を変化させる。国内資産の価値が外貨建てでは低くなるため、国内企業が海外の貸し手に提供できる担保の価値は下がる。さらに、多くの経済圏で、国内の銀行は外貨（通常は米ドル）で海外から借入を行なっている。よって、通貨安は、銀行の国内通貨建ての負債額を増加させるが、銀行の資産額は増加させない。後者は、国内通貨建ての企業向け融資やその他の金融資産からなる。資産の通貨と負債の通貨のこうしたミスマッチは「原罪」と呼ばれ、急激な通貨安が起こると純資産が大きく減少し、銀行が破綻する可能性がある。

　通貨の下落後に純資産が減少した企業や銀行は、貸し手に返済の約束を確信させることがより難しくなる。これらを総合すると、eが下落した場合、投資関数が下にシフトする力が働くことになる。さらに、外貨建てで借入を行なう企業は、商品の価格もその通貨建てにして、利払いと販売収入の通貨にそろえたいと考えるだろう。その場合、通貨安によって国内商品が安くなることはない。これはまた、貯蓄曲線の下方シフトを小さくすることによって、eの下落が対外貿易に及ぼす刺激効果を減少させる。

　図9.1のパネル（b）は、バランスシートへの効果が借入費用の低下の影響を相殺し、通貨安が投資曲線を変化させない場合を示している。この場合、経済は点Cまで回復するが、生産高はパネル（a）よりも大幅に低い。重要なことは、回復の原

第9章　為替政策と回復の速さ　　121

動力が消費と貿易黒字であり、投資と資本移動は落ち込んだままであることだ。これは「火の鳥」型回復と呼ばれる。投資の逼迫により生じた不況の焼け跡から、投資自体はほとんど回復しないまま、経済が浮上するからである。

　もし通貨安が国内の銀行や企業のバランスシートをさらに悪化させるなら、通貨安の結果、投資曲線は下方にシフトする。これはパネル（c）に描かれており、点Cは点Bよりわずかに右寄りであるにすぎず、景気はほとんど回復しない。パネル（b）と（c）のどちらになるかは、国内のバランスシートの状態、「原罪」の程度、ショック自体の大きさ、経済における金融の発展度合いによって決まる。これらすべてが金融状態に対する通貨安の影響を左右するからである。よって、通貨安が景気回復に与える影響は、疑う余地なくプラスということはなく、状況に依存する可能性がある。通貨安は景気後退を深刻化させる可能性さえある。それは、輸出を押し上げる効果が、バランスシートの悪化した企業や銀行への貸出の減少による影響によって相殺されてしまう場合である。急激な通貨安を防ぎ、純資産を回復させる資本規制や為替介入政策によって不況が恐慌に至るのを防ぐことができる。

　これには時間がかかる場合がある。なぜなら外部からの資金調達を断たれた企業は、内部留保によってしか純資産を回復できないからだ。さらに、最初の急激な景気後退は銀行の破綻につながる可能性があり、それに伴って借り手の信用力に関する情報が失われ、その再建には時間がかかる。最初のショックが収まり元に戻ったとしても、あるいは、他の政策が景気を押し上げるとしても、投資曲線は何年も左側に移ったまま、右側への移動は緩慢に過ぎない可能性がある。金融危機は信用に傷跡

を残すため、回復には時間がかかるのである。[2]

9.2 | 1994〜95年のメキシコのテキーラ危機

1988年から、メキシコ政府は金融自由化、経済改革、ペソの米ドルへのペッグによるインフレの安定化という野心的なプログラムを開始した。これが成功であったことは、生産と消費の急増、大量の資本流入、信用の拡大、インフレ率が数年間2桁を下回ったことから判断できる。同時に、メキシコ史における過去の安定化プログラムとは異なり、公共部門全体の収支は（わずかな）黒字に保たれ、メキシコ中央銀行はドル・ペッグを守るために大量の米ドルを蓄えた。このような堅調なファンダメンタルズに対して、実質為替レートが過大評価されているとの懸念があった。対外収支赤字が大幅に拡大する一方、ドル・ペッグが名目為替レートの下落を防いでいたためである。

この時期、メキシコ政府はテソボノス（ドル建て公債）の販売も始めていた。1994年に、2つのショックが経済を襲った。まず、連邦準備制度理事会が米国の金利を引き上げ、ドル・ペッグを維持するためにメキシコ中央銀行も利上げに追随する必要に迫られた。第二に、大統領選挙に関連したメキシコの政治的混乱（暗殺を含む）により、公的債務の借り換えが困難になった。政府は、短期・長期のペソ建て国債を売却しやすいテソボノスに急速に転換し始めた。テソボノスは、民間が保有する公的債務の4%から、1年以内に75%に増加した。図9.2から、これに呼応して外国人が保有する米ドル建て債の割合が急増したことが示唆される。メキシコ経済は極端な「原罪」に陥った。公的債務の満期もこの年にはますます短くなり、常に借り換え

図9.2. 米ドル建てメキシコ債発行残高

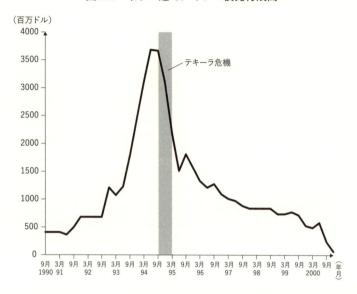

が必要となった。

1994年12月20日、メキシコ中央銀行は15％の通貨切り下げを発表した。この管理された切り下げは、ペソの過大評価が秩序だった形で是正されることを期待しての政策だった。しかし、それは1日で失敗に終わった。切り下げによってテソボノスのペソ価格は上昇し、必要とされる借り換えをさらに難しくした。中央銀行のドル準備高は償還期限を迎える公債の3分の1しかなかったため、米ドルへのペッグを維持したまま公債を返済することはもはや不可能だった。経済は急激に後退し、さらなる切り下げが債券のペソ価格をさらに引き上げた。国は悪循環に陥り、わずか3ヵ月後にペソはほぼ100％切り下げられて、経済活動は急激に落ち込んだ。この危機はアルゼンチンや

ブラジルにも波及し、米国政府からメキシコへの融資によって
悪循環に歯止めがかけられるまで続いた。[3]

9.3 │ 2008年世界金融危機から続く停滞

　金融加速効果やキャッシュフロー効果によって、投資が何年
も停滞することがある。これは、為替レートの変動が引き金と
なった場合にも当てはまる。マクロ金融危機は、銀行や企業が
徐々にバランスシートを改善する間にも、持続的影響を及ぼす
のである。

　2008年9月、米国を拠点とする大手金融機関リーマン・ブ
ラザーズが経営破綻し、他の金融仲介機関には複雑な債務関係
が残された。こうした損失がさまざまな金融機関や市場に不透
明に広がったため、金融取引は凍結され、多くの銀行の資本が
枯渇して、信用は収縮し、金融資産は急減した。それに伴い、
経済活動も低下した。例えば、米国の失業率は10％にまで上
昇し、2010年までに米国の実質GDPは金融危機前のトレンド
を10％下回った。多くの先進国も同様に双子の危機を経験し、
経済活動と金融活動の両方が低下した。しかし、他の多くの経
済圏では、銀行が国際金融市場でそれほど積極的ではなく、あ
るいはそもそもレバレッジが低かったため、世界貿易の落ち込
みを通じてすべての国が不況に見舞われたとしても、重大な金
融危機が発生することはなかった。

　図9.3は、世界197ヵ国のドル建てGDPを、2008年に金融
危機を経験した国（22ヵ国）と、経験しなかった国に分けて集
計している。各グループの総生産が2008年に同じ水準になる
ように指数化してある。危機の直前には、後に危機に見舞われ

第9章　為替政策と回復の速さ　125

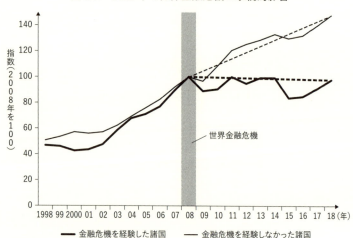

図9.3. 2008年の世界金融危機の永続的影響

た国々の方がじつは良好な10年間を経験しており、この間のGDPの増加率は他の国々よりも16％高かった。両グループとも景気後退に見舞われ、2008〜09年にかけて生産は減少した。生産の落ち込みは、金融危機に見舞われた国々の方が他の国々よりも大きかった。

　これらの国々では景気後退の期間もはるかに長く、世界の生産高が危機の前と同じ水準に達したのは10年後であった。景気回復の足を引っ張ったのは投資で、銀行や企業の純資産が以前の水準に戻るのに長い時間を要したため、投資は低水準にとどまったのである。対照的に、危機を経験しなかったグループは、2018年には2008年よりも47％豊かだった。この図は、金融危機の経験が成長トレンドに永続的な影響さえ及ぼす可能性を示唆している。[4]

注

1) 通貨安や通貨高の予想は、海外投資による多額の予想損失や予想利益につながることがある。よって、第2章で述べた信念の変化を為替レートに当てはめたものが、ある国の通貨に対する投機的な攻撃の背景にある。一方、為替レートが変化すると、その国が国際取引する財・サービスと国際取引しない財・サービスとの間の相対価格も変化して、第3章で議論した2部門間の誤配分の一因となる。第6章で述べたように、ある主権国家の支払能力と流動性を評価する際の大きな困難は、外国人投資家への低リターンが、債務不履行と通貨切り下げのどちらによっても生じる可能性があることだ。第8章で論じたように、資本が国境を越えて安全な場所に逃避する場合、これによって為替レートの調整が引き起こされる。為替レートは、市場を均衡させる重要なマクロ経済価格であり、リスクとリターンを生み出す重要な金融価格でもある。

2) 本節のモデルは、Céspedes, Chang, and Velasco (2003) と Calvo, Izquierdo, and Talvi (2006) に基づいている。

3) メキシコ危機の詳細については、Calvo and Mendoza (1996) と Mishkin (1999) が詳しい。

4) 金融危機後の回復の遅さについては、Cerra and Saxena (2008) および Fernald et al. (2017) を参照。

第**10**章
新しい伝統的金融政策

　多くの中央銀行には2つの使命があり、インフレ率を目標値（多くの場合2%）に近づけるとともに、失業率の変動幅の抑制を目指す。経済が金融の混乱を伴わない一般的な景気後退に陥った場合、金融政策は名目金利を引き下げるのが標準的な対応策である。インフレ予想が変動しにくい場合、実質金利は低下し、企業は資金調達の費用が安くなるため、投資を増やす誘因となり、家計は貯蓄のリターンが低くなるため、支出を増やし、貯蓄を減らす誘因となる。このような支出の増加は総需要を増やし、物価が相応に上昇しない場合（名目硬直性として知られる現象）、生産は増加する。こうして、生産は安定する。

　従来、中央銀行が伝統的に金利を引き下げる場合、銀行どうしがほぼ無リスクで貸し借りするオーバーナイト（翌日）物銀行間金利（FRBの場合は「フェデラルファンド金利」）の望ましい目標を引き下げるか、中央銀行が銀行に短期で限られた額を貸し付ける際（ECBの場合は1週間のMRO〔主要リファイナンス・オペ〕）の金利を引き下げていた。これらの金利引き下げは、いずれも準備（銀行が中央銀行に預ける預金）の量を増やすことで達成された。準備は、（具体的には）中央銀行のスプレッドシートに各銀行がいくら預金しているかを記入したものに過ぎないが、この記入単位が経済における計算単位を規定するため、2

129

つの銀行間あるいは銀行を利用する2つの経済主体間の支払いを決済する方法となる。銀行にとっては、銀行間市場での貸出と準備（預金）は完全代替でないため、準備（預金）が無利子の場合は、銀行間レートは準備（預金）保有の機会費用になる。準備が増えると、銀行間レートは低下した。

　金融危機は深刻な不況を伴うため、2つの使命の観点からは、金融政策の対応は他の不況時と同じように見えるかもしれない。つまり、金利の切り下げである。しかし、金融危機の際には、利用できる政策手段やその効果に違いがある。これらは非伝統的政策と呼ばれることもあるが、2010年以降、ほぼすべての先進国の中央銀行で標準となっている。[1]

10.1 | 準備の飽和と量的緩和

　金融危機の際、中央銀行はしばしば銀行や政府から最後の貸し手となることを求められる。銀行に対しては不足資金を補い、政府に対しては国債価格の急落を防ぐために国債を購入する。[2] 最後の貸し手機能には、中央銀行がその権限を利用して準備を創出して銀行に提供するために、国債を購入する、あるいは国債を担保として融資を行なうことが含まれる。これによって、準備の機会費用、すなわち銀行間名目金利 i と準備に支払われる金利 i^v との差が縮小する。

　これは準備の金利をゼロに維持すれば可能だが、銀行部門や政府に提供するために資金の供給量を大幅に増やせば、$i = 0$ となる。そうなると、中央銀行は、独自に金利に影響を与えてインフレや実体経済活動を誘導する力を失うことになる。より優れた代案は準備にゼロでない金利を支払うことである。$i^v =$

130　第Ⅲ部　政策と回復

iである限り、準備の機会費用はゼロに押し下げられたままだが、中央銀行は望み通りの水準のi^vを選べるようになる。いまや効果的な政策手段は、中央銀行が目標とする銀行間金利ではなく、中央銀行がコントロールする準備の金利である。この政策により、銀行による準備需要は満たされ、民間の資金調達危機は相殺される。図10.1 の上段パネル（a）は、準備に支払われる金利の選択と、この選択が準備の需要飽和〔銀行間名目金利がゼロのこと〕につながる様子を示している。

　準備の供給から準備に対する利子へという政策手段の変更と、稀少な準備から潤沢な準備という均衡の変化が、2008〜10年の金融危機の際に生じた。ところが、経済学者は長い間、常にそれが望ましいと主張してきた。有名なところでは、ミルトン・フリードマンが、中央銀行はスプレッドシートへの入力を変更するだけで社会的費用をかけずに準備を創り出すことができるため、民間の準備の機会費用はゼロとすべきだと指摘していた。準備の飽和はフリードマン・ルールと呼ばれることもあり、金融危機の間に準備に対する需要が高まる場合は特に望ましい。

　非伝統的政策の第二の形態は、中央銀行が政策の焦点とする金利の満期に関するものである。準備の金利は翌日物金利である。深刻な金融危機の際には、それを大幅に引き下げるだけでは、インフレと実体経済活動に必要な刺激を与えるには十分でないかもしれない。中央銀行が翌日物金利をどれほどマイナスに設定できるかには限度がある。やがて人々は、代わりに（金利のつかない）現金を貯め込み始めるからだ。とはいえ、多くの投資や貯蓄の意思決定にとって、インフレや実体経済活動に影響を与える重要な資金調達費用や貯蓄利回りは、翌日物金利

第10章　新しい伝統的金融政策　131

図10.1. 非伝統的金融政策

(a) 準備需要を飽和させる政策

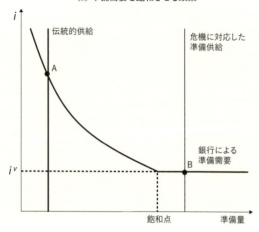

(b) 長期金利ターゲティング政策

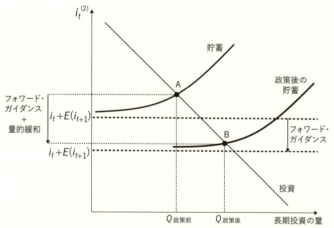

132 第Ⅲ部 政策と回復

ではなく、数ヵ月または数年にわたって適用される金利だろう。中央銀行は、景気刺激を最大化するため、こうした長期の金利を引き下げたいと考えるのである。

どうすればそれが可能となるかを理解するため、以下の単純なケースを考える。第t日に、1期間の金利i_tとは別に、企業や家計が2期間にわたって借りたり貯蓄したりできる「長期」金利$i_t^{(2)}$も存在する。この$i_t^{(2)}$が低ければ低いほど、2期間投資の資金調達の機会費用は低くなり、2期間事業への投資額は大きくなる。図10.1下段のパネル（b）は、これを右下がりの直線で表している。

貯蓄者の立場からすれば、2期間の投資をするか、1期間の投資を2度行なうかのどちらかである。しかし、次の1期間の金利は今日の段階では不明なので、貯蓄者は予想するしかなく、この期待値を$E[i_{t+1}]$と呼ぶ。この再投資戦略のすべてのリスクが金融市場で分散されれば、図10.1に点線で描かれているように、2期間の貯蓄需要は$i_t+E[i_{t+1}]$で水平線となる。しかし、金融市場が不完全であると、2つの投資戦略の収益リスクの違いや資金調達ニーズの違いを補償するための超過利益（ターム・プレミアムをtp_tと呼ぶ）を支払う必要があるかもしれない。図では、これは右上がりの貯蓄線で表されている。ここでは、リスクが高く売却困難なこうした国債を民間投資家がより多く保有しなければならない場合、ターム・プレミアムは上昇すると仮定されている。点Aの均衡では：$i_t^{(2)}=i_t+E[i_{t+1}]+tp_t$が成り立つ。

中央銀行は、$i_t^{(2)}$を引き下げたいと考え、しかもすでに短期金利i_tを可能な限り低い水準まで引き下げている場合、2つの非伝統的な戦略を取ることができる。第一はフォワード・ガイ

第10章 新しい伝統的金融政策 133

ダンスと呼ばれ、将来の政策金利を公表し、その金利を実現するために利用可能なあらゆるコミットメントを引き受けるものである。これによって、投資家が認識する $E[i_{t+1}]$ が引き下げられる。グラフでは、需要曲線が下方にシフトする。第二の戦略は量的緩和と呼ばれ、満期の長い国債を購入し、国債を売却する銀行の準備口座に入金する。こうした満期の国債に対する需要が高まると、国債価格は上昇し、リスクに対して投資家が要求する補償額が低下し、よって tp_t が低下する。これは需要曲線を右に水平シフトさせる。これら2つの戦略が組み合わさると、点Bで新たな均衡に達して、$i_t^{(2)}$ は低下し、投資は増加する。

　準備の飽和と量的緩和の組み合わせは、現在の多くの中央銀行のバランスシートが今世紀初頭とはかなり違って見えることを意味する。準備は中央銀行の負債であるため、準備の飽和はバランスシートの拡大を必要とする一方、量的緩和は負債側の満期のごく短い準備と資産側の長期国債との間に満期のミスマッチを生じさせる必要がある。その副作用の一環として、$i_t^{(2)} - i_t$ の変化が、中央銀行の純利益のフローに影響するようになる。以前は、バランスシートが小さく、準備への利払いがなかったため、純利益は安定的かつ少額であった。現在、中央銀行は金融政策の実施によってかなりの資金を創出したり吸収したりしているため、財政当局との連携や、こうした非伝統的政策の実施に対する財政当局の支持の程度がより重要になっている。これにより、中央銀行の独立性に重圧がかかっている。

10.2 | 1998年以降の日本銀行のイノベーション

　1980年代の（バブル崩壊後に発生した）金融危機に続く10年間、日本経済は低成長だけでなく、緩やかで長引くデフレに見舞われた。[3] インフレ予想は低く、ほぼ毎年、実際のインフレ率は目標の2%を大きく下回った。日銀のバランスシートの規模は40年連続で比較的安定してGDPの10%ほどであったが、日本銀行は1995年以降、方針を転換した。図10.2は日銀のバランスシートの規模と構成を描いたものである。

　1996年7月から1999年3月にかけて日銀はバランスシートの「その他資産」を増加させて準備を創出し、その準備を銀行に貸し出した*。日銀の貸出が必要だったのは、〔バブル崩壊の影響に加えて〕1997年、東南アジアへの投資で多額の損失が発生したこともあり、多くの日本の銀行が経営上の重圧を受けていたためである。[4] 預金者や他の短期の資金提供者を安心させる必要があった銀行に対して、日銀はこの貸出によって資金を供給した。準備の供給は増加し、経済における安全な流動資産の需要の大幅な増加に応じることができた。日銀は、準備への需要を飽和させた。そのことにより、その後の政策運営において、市中銀行の準備に対する需要を満たすことと、金融政策手段として預金金利を使用することを切り離すことができた。1999年と2000年に、日銀はインフレに焦点を当てて、フォワード・ガイダンスを実施した。1999年2月の預金金利が0.15%であったため、政策決定者は預金金利の将来の道筋を

　＊これはバブル崩壊に伴う金融危機に対処するために政府や預金保険機構と連携して行なった政策である。

図10.2. 日本銀行のバランスシート

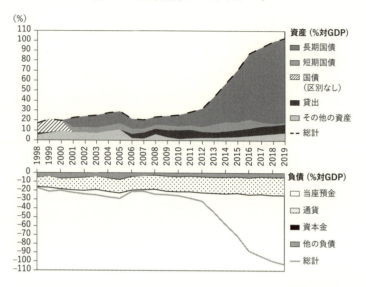

発表し、銀行間市場の翌日物金利は1999年および2000年を通じて0.05%を下回った。準備はほとんど増加しなかった。

2001年3月に始まり、2006年3月に至るまで、日銀はインフレ率を上昇させようとして量的緩和を実施(というよりも発明)した。日銀は着実に長期国債を購入し準備を創出することを開始し、財やサービスの価格が上昇するまでそれを続けると言明した。こうした購入の規模が大きかったことは、図10.2のバランスシートの規模の拡大に表れている。2010年9月には2つの変化がもたらされた。第一に、準備の創出ペースが加速した。第二に、日銀は前節で述べたターム・プレミアムのみならず、短期国債と他の資産との差を反映する他の上乗せ金利にも影響を与えようとした。例えば、日銀は社債や株式市場の

株式も買い始めた。ただ、数字が示すように、買い入れの額は
けっしてそれほど大きくなかった。

　2013〜16年にかけて、日銀はバランスシート拡大のペース
を大幅に引き上げて、こうした政策を量的・質的金融緩和と名
付け、バランスシートの規模拡大と多様な資産の買い入れの両
方を反映させた。最終的に、2016年9月に日銀はイールドカ
ーブ・コントロール政策*を発表し、長期国債の購入は10年
物金利の目標を目指すほど積極的だった。図10.1でいえば、
中央銀行はいまや需要曲線を微調整してシフトさせ、$i_t^{(2)}$ を直
接目標にし始めたのである。2008年の金融危機後、ほとんど
の先進国の中央銀行は日銀にならい、まず準備市場を飽和させ、
次に量的緩和を導入し、最終的に購入資産の範囲を国債以外に
も拡大した。[5]

10.3 | 危機下のユーロ圏イールドカーブ

　イールドカーブ〔利回り曲線〕は、異なる満期 m の金利 $i_t^{(m)}$
の系列を示したものである。金利はすべて年単位に調整されて
いる。図10.3は、ECB誕生後のさまざまな段階におけるユー
ロの利回り曲線を描いたものである。[6] この図では、ECBが28
日間銀行に貸し出す金利であるMRO（「マージナル・リファイナ

---

　*イールドカーブ・コントロール（YCC）政策：中央銀行が短期政策金
　利だけでなく長期金利についても誘導目標を定め、その水準を実現す
　るように国債の買い入れを行なう金融緩和策。長短金利操作ともいう。
　イールドカーブは、国債の残存期間（満期までの期間）と金利の関係
　を示す「利回り曲線」をさす。長期金利を意図したとおりに操作でき
　るかどうかは課題とされている。

第10章　新しい伝統的金融政策　137

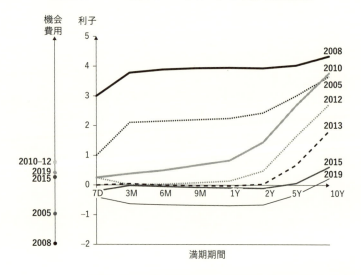

図10.3. ユーロ圏のイールドカーブと準備の機会費用

ンス・オペ」)金利と、ECBが翌日物準備に支払う金利である預金金利との間の差についても、左の垂直線上の点を用いて描いている。これにより、準備の機会費用、つまり、欧州の銀行システムが準備の飽和からどれほど離れていたかを大まかに測ることができる。

2005年初頭、欧州経済は順調に拡大していたため、利回り曲線は「正常な」右上がりの形をしていた。準備の機会費用は高く、準備に支払われる利子の低さとシステム内の準備の少なさを反映していた。

2008年初頭、米国の金融危機はすでに欧州の銀行に資金調達問題を引き起こしていた。ECBは銀行の準備需要の右向きシフトに対応するため、バランスシートを拡大し、準備預金金利を1%から3%に引き上げることで準備の機会費用を引き下

げた。一方で、通常の金利政策にはほとんど手をつけなかった
ため、イールドカーブ全体が上方にシフトしただけで、傾きは
ほとんど変わらなかった。それから2010年初頭までの間に、
ユーロ圏は景気後退に入った。ECBの最初の反応は、短期金
利の引き下げという伝統的手段による景気刺激策であったため、
イールドカーブは傾きを増した。

　2010年初頭以降、ユーロ危機は金融部門からソブリン債市
場へと波及した。ECBはMRO金利を0.25%まで一気に引き下
げて伝統的政策の限界に迫っただけでなく、今後も低金利が続
く可能性が高いことを明確にした。当時のECBの法的権限の
解釈では、ECBが直接国債を取得することはできなかったが、
代わりにLTRO（長期借り換えオペ）という貸出プログラムを発
表し、銀行が国債を購入し、準備の貸出と引き換えにECBに
長期間国債を渡すことができるようにした。このように、フォ
ワード・ガイダンスも量的緩和も公式には採用されなかったが、
それらの暗黙バージョンが使われた。その結果、2012年の初
頭までに、イールドカーブは2010年からほぼ平行移動して下
降した。

　ECBはそれ以降、非伝統的政策を全面的に採用した。2012
年、ECBは財政難に陥っている特定のユーロ圏諸国のソブリ
ン債を取得することができる国債買い入れプログラム（OMT：
Outright Monetary Transactions）を発表したが、一度も利用し
なかった。準備需要の飽和は限界に達し、2013年11月までに
MROと預金金利の差はわずか0.25%になっていた。2013年7
月からは、ECBが低金利を長期間維持するとの政策会合にお
ける公式声明を通じて、フォワード・ガイダンスが明示的に遂
行された。2015年1月以降、ECBは大規模な資産購入プログ

第10章　新しい伝統的金融政策　139

ラム（量的緩和）を実施し、ユーロ圏全域から資産を買い入れた。その結果、2012〜15年の間にイールドカーブは大幅に平坦化し、2019年まで平らな状態が続いた。

イールドカーブの動きの裏側には、ECBのバランスシートの変化があった。その規模は準備の飽和を通じて拡大し、2007年初頭の1.2兆ユーロから2015年末には2.8兆ユーロ、2017年末までには4.5兆ユーロに達していた。証券を（担保付き貸出プログラムの代わりに）アウトライトで〔売り戻しや買い戻しの条件を付けずに〕保有する割合は、2007年初頭の10％から2015年末には43％、2017年末には60％に上った。一方、貸出プログラムのうち長期オペの割合は2007年初頭の27％から2015年末には84％、2017年末には100％となった。こうした政策の実施に際して、ECBは財務の独立性に大きなリスクを負った。他の中央銀行は、純資産が大幅にマイナスになった場合に財政当局からの支援を確実に期待できる。これに対してECBは、欧州では財政政策が各国に任されており統一されていないため、明確な財政支援を欠いているのである。[7]

注
1) 金融政策における準備飽和の役割は、Reis（2016）で議論されている。
2) 中央銀行とその貸出能力については、問題の一部を解決する手段として、すでにこれまでのいくつかの章で検討した。第4章の銀行に関する議論では、中央銀行は銀行に無制限の金額を貸すことが可能なため、預金保険を提供することができる。しかし、現代の銀行の一部は預金保険の対象外で、特に脆弱になっているが、その場合でも、事後的に中央銀行が貸出プログラムを通じて介入することが多い。第5章では、複数の均衡が存在する場合、金融市場の大きなプレーヤーである中央銀行は、人々の信念を良い均衡に調整することができる。アイルランドのケースで議論したように、失われたホールセール資金を銀行への貸出によって補えば、危機を食い止めることができる。第6章では、国際的な最後の貸し

手としてのIMFの役割を論じたが、国内ではこの役割を各国の中央銀行が担っている。中央銀行は「悪魔のループ」においても役割を演じる。第7章で述べたように、銀行が預金の一部を中央銀行に預ける準備率を引き上げることは、金融抑圧の一般的な形態だからである。第8章では、ECBが重要な役割を果たしたのは、まずユーロ導入の際の欧州地域間の為替リスクの除去であり、次に危機の間の再デノミ・リスクの懸念への対処であった。これは周辺諸国の国債の買い上げによって対処された。最後に、為替レートのペッグ制を採用することは、第9章で論じたように、現実には中央銀行による負債の供給の制限を伴うのである。

3) 第2章で議論した。

4) これについてはすでに第5章で述べた。

5) Dell'Ariccia, Rabanal, and Sandri (2018) と Bernanke (2020) は、日本の金融政策の異なる段階について論じている。

6) 第8章で述べたように、ユーロ圏全体の安全な債券は存在しないため、このイールドカーブは、ECBがユーロ圏内のさまざまな地域のソブリン債の金利を平均化することで作成されている。ただし、条件として、それらはすべてAAAに格付けされ、支払不能リスクがほぼないと考えられているものでなければならない。

7) ECBの政策については、Hartmann and Smets (2018) を参照。

第**11**章

財政政策と実質金利

　〔1930年代の〕世界恐慌は、今日に至るまで金融危機の女王とされている。過去100年間に多くの国が経験した最大のマクロ経済不況につながったからである。財政政策は大恐慌の終息に重要な役割を果たしたため、その経験から、不況時には財政赤字を増やすべきだという理解が生まれ、それ以来、マクロ経済政策の指針となっている。なぜそうあるべきかについては、2つの異なる議論がある。

　第一は、新古典派と大まかに括られることが多く、ほとんどの税金や移転政策は行動を歪め、その歪みが時間とともに変化することで歪みはさらに大きくなるという原則に基づいている。不況で経済活動が低下した場合に、税率や社会保障制度の手厚さを変えなければ、財政収入が減少し、歳出が増加して、結果的に財政赤字となる。不況時の増税や補助金削減は、労働、生産、投資がすでに落ち込んでいるときに、その意欲をそぐことになる。財政赤字は景気循環とは反対に、生産とは逆の方向に動くべきである。

　第二の議論は、ケインズ派と呼ばれることが多く、不況とは民間貯蓄が社会的に望ましい水準より高すぎるときのことであると考える。裏を返せば、民間支出が低すぎ、したがって生産が低すぎる場合である。政府が支出を増やしたり、税収を減ら

143

したりすれば、公的貯蓄は減り、経済は望ましい水準に近づく。同時に、政府の追加支出は財への公的需要を高め、税収の減少は財への民間支出を増やし、どちらも生産を増やすことにつながる。

どちらの議論も、不況が金融危機を伴うかどうかには左右されない。しかし、不況が金融危機を伴う場合には、こうした仕組みと相互に作用する新たな力が存在する。そうした力が存在することは不況時に財政赤字の拡大を支持するさらなる論拠を提供する。

11.1 貯蓄と投資の再考

世界経済は閉鎖体系である（今のところ他の惑星との貿易は行なわれていない）ため、すべての投資の出所は誰かの貯蓄（公私を問わず）でなければならない。[1] 貯蓄の決定に際して民間の主体にとって大事なのは、実際の結果と実質収益である。実質金利rは、貯蓄を選択するときに考慮される重要な相対価格である。通貨単位で約束された支払いを行なう政府の名目債券に投資する場合の予想実質収益は、名目金利iから予想インフレ率π^eを引いたものに等しく、π^eは実物商品に対する通貨価値の損失を表している。よって、一次近似としては、裁定取引の力により$r = i - \pi^e$となるはずであり、実物投資と名目債券は同じ予想収益をもたらす。

実質金利が高ければ、家計は消費を遅らせて、より高い収益を享受するために貯蓄を増やしたくなる。よって、貯蓄の供給は図11.1のように右上がりになる。投資に目を転じると、実質金利が上昇するにつれて、投資に見合う限界収益率をもたら

144　第Ⅲ部　政策と回復

図11.1. 投資と貯蓄

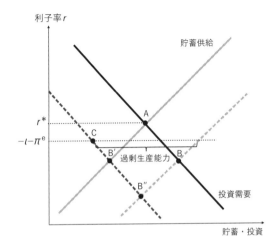

す投資事業は少なくなる。よって、投資需要は右下がりになる。この2つが交わる点Aで世界の均衡実質金利r^*が決まる。

新古典派の議論を応用すると、不況とは生産性が低下し、そのため需要曲線が左にシフトする時期と考えることができる。投資が減り、投資税率が一定の場合、税収は減少する。税率を引き上げれば、需要曲線はさらに左にシフトし、投資収益は低下し、不況がさらに深刻化する。ケインズ派の見方を応用すると、人々は悲観的になり、貯蓄額を変え、経済はr^*から離れる。財政政策は、公的貯蓄を減らし（赤字）たり、増やし（黒字）たりすることにより、この総貯蓄曲線を元の位置に戻すことができるのである。

この設定は、金融危機がもたらし、r^*の低下につながる3つの力を指し示す。第一に、貯蓄の主な原動力の1つは、現役時代に資金を蓄えて退職後の生活水準を維持しようとする家計の

欲求である。こうした貯蓄の一部は安全資産に振り向けられるが、それは経済の他の主体、例えば退職した家計の貯蓄の取り崩しによって生み出される。こうした正負の貯蓄の相殺によって、図中の貯蓄総額の線が引かれ、これが投資資金を賄うのである。

　危機の発生後、金融市場はこうした安全資産を生み出すことができなくなる。貯蓄を減らそうとする家計と増やそうとする家計には、そのための手段がなく、結果として後者は実物事業に投資して資本ストックを増やし、将来、貯蓄を取り崩したくなったときに売却する計画を立てるようになる。つまり、貯蓄曲線は図のように右にシフトし、投資曲線に沿って経済が点Bに移動するにつれて、r^*は低下し、生産性の低い投資が多く行なわれることになる。r^*が低すぎて経済が動学的に非効率になる〔消費を最大にする水準を超えて投資が行なわれる〕場合さえある。つまり、各家計が、このような低収益で貯蓄をする代わりに消費を増やせば、他のすべての家計が消費を増やして実質金利を上昇させる限り、皆がより良い生活を送れるのである。金融危機後の財政赤字は、国債という安全資産を生み出す。この政府による負の貯蓄は、貯蓄の総供給を左にシフトさせ、r^*を上昇させて、経済を点A付近に戻すことができる。

　家計貯蓄の第二の原動力は、将来の負の所得ショックを和らげることである。将来の失業や、高額な医療費を必要とする病気を恐れて、人々は予期せぬ出費に備え、生活水準を維持できるように貯蓄をする。深刻な金融危機は失業率の上昇を伴い、多くの労働者が職を失うリスクが高まる。また、深刻な不況期には、職を失わない人の場合であっても、労働時間や残業が削減される人とそうでない人がいるため、所得リスクが高まる。

不確実性の高まりを認識した人々は、予備的貯蓄を増やす。貯蓄曲線は再び右にシフトし、経済はr^*の低下した点Bに至る。乗数効果すら存在し、支出の減少により不況が深刻化し、リスクが上昇するため、さらなる貯蓄を誘発するのである。

予備的貯蓄が不況に及ぼす乗数効果に対して、有効な公共政策が1つある。すべての先進国には社会保険を提供するセーフティ・ネット（安全網）がある。つまり、職を失った人は失業給付を受けることができるし、所得が減った人の所得税率は低下する。不幸が深刻な場合は、貧困救済や高額医療保険がある。これらはすべて、家計が直面する税引き後、移転後の所得リスクを低下させる。不況下で、これらの制度は予備的貯蓄の増加をその分だけ抑制することから、そもそも貯蓄の供給の大幅な右シフトを防ぎ、r^*を安定させる。同時に、所得移転の受給資格者が増えて、税金を払う人が減るため、財政赤字につながる。社会保険は個人の特性に依存するため、財政赤字は自動的に発生し、危機に対応して政策を変更する必要はない。このため、社会保険は自動安定化装置と呼ばれている。

第三に、投資の話に戻ると、たいていの場合、個々の事業の収益には、何らかの特有のリスクがある。こうしたリスクの一部は、起業家だけが知っている事業の特徴に依存するだけでなく、起業家は、自身の努力によって収益に影響を与えることができるが、その努力を正確に測定することは誰にもできないため、こうしたリスクに保険をかけるために民間市場を利用する有用性は限られている。さらに、起業家の人的資本は事業と結びついている。起業家なしでは事業の資産の生産性は劣るからである。したがって起業家は自己資金を事業に投入して、自分の人的資本を活用するようにしなければならないのである。

金融危機では、この特有の投資リスクが複数の経路を通じて増大する。民間の保険市場は後退し、リスクの分散が困難になる。銀行は融資を削減するため、起業家は事業を継続させるために自己資金をより多く使わなければならず、結果的に、リスクをより多く負担することになる。金融機関が倒産すると、事業を選別してリスクの高いものを除外する専門知識が失われる。多くの場合、政策立案者は金融規制の強化を選び、金融機関はリスク負担の軽減を望むので、リスクは起業家の手に委ねられることになる。すべてが結びついて、こうした特有のリスクの増大により、投資に対する需要は左にシフトする。経済が図の点 B′ に移動すると、（貯蓄）供給の右シフトと似たような効果がもたらされる。r^* を低下させるのである。財政赤字は貯蓄の供給を直接的に左シフトさせ、r^* を再び上昇させる。さらに、財政赤字が生み出す国債は、起業家がリスクの高い事業とともにポートフォリオに組み入れることができる安全な資金避難先となる。これにより、そうした事業への起業家の投資意欲が高まり、当初の投資減少を相殺することができる。

深刻な危機の際に、この市場では考慮すべきもう 1 つの重要な金融問題が生じる。これまでに強調したすべての仕組みを通じて、供給曲線は右に、需要曲線は左に、それぞれ十分にシフトすると、新しい交点では実質金利が大幅にマイナスになる可能性がある。予想インフレ率を一定とする（企業の価格は硬直的で、人々の信念は固定的なため）と、この新しい交点は $-\pi^e$ をかなり下回る値になるかもしれない。ただ、そのためには名目金利が大幅にマイナスでなくてはならない。これは不可能である。というのも、その場合、人々は紙幣や硬貨で貯蓄するだけだからだ。制度上、通貨は名目金利がゼロであり、安全に保管する

148 第III部 政策と回復

費用を考慮すれば、その期待収益はゼロをわずかに下回る程度である。この（負の）収益は経済における名目金利の実効的な下限となる。これを$-\iota$（リバーサル・レート）と呼ぶ。実質金利の実効的な下限は$-\iota-\pi^e$である。

貯蓄の需要と供給の交点がこの下限を下回る場合、経済は図11.1の点B″にはない。むしろ、経済は点Cにあって、実質金利が下限にあり、望まれる貯蓄が投資を上回る。この過剰貯蓄のコインの裏側は、生産と消費の不足である。不況はCの方がB″よりも深刻である。

貯蓄曲線を左にシフトさせる財政赤字は、当初は実質金利に影響を与えない。よって、財政赤字が1単位増加すると、そのまま投資が1単位増加して、経済の余剰生産力を利用して生産を増加させる可能性がある。実効的な下限の外側では、財政赤字は金利を上昇させ、民間投資の一部を締め出す。下限では、財政赤字は生産への影響を示す乗数が高くなる。さらに、政府支出の増加はインフレ予想を高める傾向があるため、実効的な下限を引き下げることになり、それ自体が実質金利のさらなる低下を可能にして経済を刺激するだろう。[2]

11.2 ｜ 2020年の感染症大流行中の貯蓄増加

2020年の2月から3月にかけて、西側先進国の多くは新型コロナウイルス感染症の大流行を受けて経済を封鎖した。これは1四半期のGDPの記録的な落ち込みを引き起こした。不況は経済や人々にさまざまな影響を与えた。多くの人は職を失わず、リモートワークに適応し、所得もほとんど減らなかったが、収入がゼロになり、突然、生活できなくなった人も多かった。

第11章 財政政策と実質金利 149

政府は、事業倒産を防ぎ、経済的困窮を緩和するため、企業や家計に巨額の補助を行なって対応した。

米国では、これらの補助が非常に大きかったため、国民所得に純移転を加えた民間経済の可処分所得は、2019年第3四半期から2020年第3四半期の間に8.0%という驚異的な伸びを示した。国民所得の減少にもかかわらず、政府は1年間、税収をはるかに上回る金額を支払ったのである。他方、EUでは、政府による財政支援がより小さく、不況がより深刻で、可処分所得は3.7%減少した。英国は中間で、可処分所得は2.5%増加した。

図11.2は3つの経済圏の貯蓄率を示している。いずれにおいても2020年に貯蓄が急増し、2～5倍の間の増加率であった。これは何十年ぶりのことである。この増加を理解し、その後の経緯を説明する方法は、少なくとも2通りある。

1つは、2020年に消費が落ち込んだのは、人々が通常の消費財やサービスの多くを入手できなかったからだと主張することである。つまり、「強制的」貯蓄である。その場合、パンデミックが終息し、経済活動が全面的に再開すると、貯蓄は減少し、通常の値に比べてオーバーシュートする。2020年に過剰に貯蓄した家計は、貯蓄ストックを望ましい水準に調整しようとして、多額の支出ブームに突入するだろう。これに後押しされて、経済活動は不況から速やかに回復する。政府のさらなる財政赤字は不要となって、代わりに財政政策には2020年に蓄積された公的債務を返済することが期待されるようになる。

あるいは、ひょっとすると貯蓄の増加は、予備的貯蓄の増加を部分的ないし全面的に反映していたのかもしれない。おそらくはパンデミックの終息に対する悲観的な見方から、あるいは

図11.2. 可処分所得に占める貯蓄率

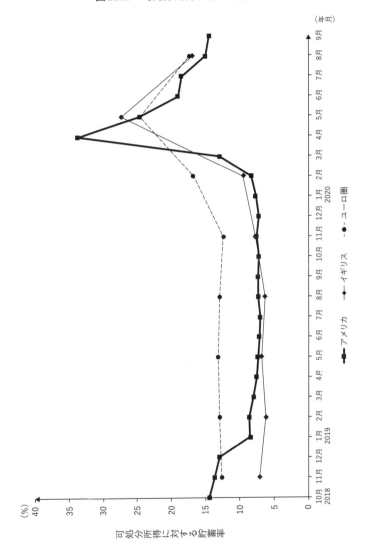

第11章 財政政策と実質金利　151

解雇や事業の破綻を予期したために、健康状態や経済状態に不安を抱いていた家計は、個人のリスクの認識が高まったため、貯蓄を増やしていた可能性がある。その場合、高い貯蓄残高はその後も続いていたかもしれない。それでも、貯蓄の流れが調整されるにつれて、2021年と2022年に支出ブームが見られたはずだと思う人もいるだろうが、それはあまり極端なものではなかっただろう。

　本書の読者にとって重要なことは、2020年不況のマクロ金融的要素を理解することによって、政策立案者の直面するトレードオフに光が当てられ、支配的な力が何であるかを見分けるために測定し理解すべきことが指し示されるということである。

11.3 ｜ アメリカ大恐慌の終焉

　1929〜33年にかけて、米国は歴史上最も深刻な不況に見舞われた。1929年10月に株式市場は大暴落し、ダウ・ジョーンズ株価指数はわずか5日間で価値の25％を失った。1954年になって、やっと以前の最高値を取り戻したのである。1933年初頭には、農場抵当借入債務の52％が返済を延滞していた。銀行破綻が相次ぎ、1933年には、1929年に存在した銀行の半分強しか営業していなかった。マクロ経済では、工業生産高が4年連続で減少した（典型的な戦後の景気後退は1年続くのみだった）。また、生産高の減少幅は、測定基準によるが、30%〜40%の間であった。アメリカの大恐慌は、今でもすべてのマクロ金融危機の「母」である。

　大恐慌が始まってから1940年代半ばまで、3ヵ月物名目金利はほとんどゼロであった。ケインズ派の有名な説明によると、

152　第Ⅲ部　政策と回復

大恐慌の初期に個人支出が落ち込み、実質金利が低下したのは、人々があらゆる不確実性に対応して貯蓄を増やそうとする「アニマル・スピリッツ」*の結果であり、そうすることで所得がさらに減少して、結局は貯蓄が減ったせいであった（「倹約のパラドックス」）。一方、1929〜33年にかけて米国経済はデフレに見舞われ、物価水準は累積で30％下落した。当時のインフレ予想を直接測る指標はないが、歴史家によれば、家計、企業、投資家は物価の下落が続くと予想していた。インフレ予想がマイナスで、実質金利の実効的な下限はゼロに近かったのかもしれない。総合すると、経済は10年以上にわたって図11.1のCのような状況から抜け出さなかった。

　景気が回復し始めたのは1933年で、フランクリン・D・ルーズベルト（FDR）が大統領に選出された頃であった。新政権は米国の政策を急転換し、それには、インフレ予想を高めて、金に対する米ドルの価値を低下させるための一致した取り組みが含まれていた。さらに有名なのは、ニューディール政策の財政支出が、多額の財政赤字と政府の貯蓄取り崩しを伴うものであったことだ。その後の4年間で経済は急速に回復し、生産は29％、物価は13％上昇した。

　まもなく、2つめの出来事によって、マクロ金融危機の最中、特に金利が実効的な下限にあると、政府の赤字が経済を刺激す

　　＊ケインズは『雇用・利子および貨幣の一般理論』の第12章で「アニマル・スピリッツ」に言及している。ケインズの言う「アニマル・スピリッツ」は、将来が不確実な状況で、起業家を合理的には説明し難い投資に踏み切らせる内発的衝動とされる。本文の説明は「アニマル・スピリッツ」を広く解釈して、投資家以外の経済主体も対象に加え、その内容も人間の一般的な感覚的反応としていると思われる。

第11章　財政政策と実質金利　153

図11.3. 第二次世界大戦中の生産と政府支出

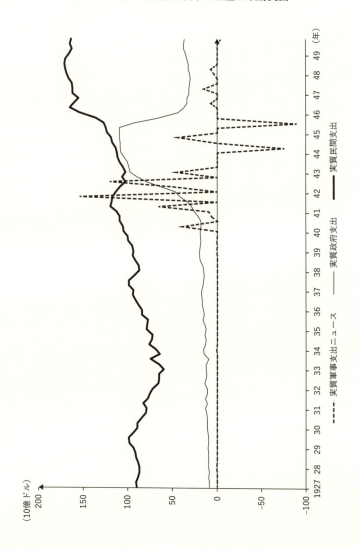

154　第Ⅲ部　政策と回復

る可能性があるという見方がある程度、裏付けられた。米国の景気回復は1937〜38年にかけて停滞し、1人当たり生産高は恐慌前のピークに達したばかりであり、マクロ金融危機が国を貧しくする影響が永久に続くことが懸念された。[3] しかし、1940年以降は成長が加速し、40年代後半までに生産高はトレンド・ラインに戻った。景気回復のこの第二段階は第二次世界大戦と重なった。それは1939年9月に欧州で始まり、1941年12月には米国が参戦した。

1940年初頭、米国は参戦するとの見方が非常に強まり、軍事支出が急増した。図11.3が示すのは、1939年末の15％から1944年までの間にほぼ50％に増加した実際の政府支出総額と、将来の軍事支出計画に関するニュースを捉えた時系列である。当然ながら、計画が実際の支出に先行する。支出の計画および発表後に生産は加速した。こうしたデータを用いた正式な計量経済学的推計によると、国防支出が生産に与える影響は通常1未満であるが、経済が実効的な下限にあるとき、それは1.5まで跳ね上がることがわかった。[4]

注

1) 第9章と第10章のモデルは、それぞれ、海外貯蓄が国内の民間投資をどのようにファイナンスするか、そして中央銀行がいかにして名目金利に影響を与えることができるのか、について論じた。

2) r^*の動きとその背景にある可能性についてはRachel and Summers（2019）を参照。Ravn and Sterk（2017）は予備的貯蓄が不況を深刻化させる可能性について、McKay and Reis（2016）は自動安定化装置の役割について、Eggertsson and Egiev（2020）は金利がゼロの時の乗数について、それぞれ述べている。

3) 第9章はマクロ金融危機の持続的（時には永続的）な影響を論じている。

4) エビデンスの詳細はRamey and Zubairy（2018）とRamey（2019）参照。

第Ⅳ部

おわりに

第**12**章
結論

　経済はマクロ金融危機に見舞われることがある。マクロ金融危機は、金融市場の危機（資産価格や取引量が大きく変動するがマクロ経済への影響は限られる）にとどまるものでもなければ、典型的なマクロ経済危機（生産と雇用の変動へのショックを伝えるうえで金融部門は二次的な役割しか果たさない）でもない。むしろ、マクロ金融危機は金融市場に発生源や主な増幅要因があり、マクロ経済に大きな影響を及ぼし、マクロ経済政策と金融機関の相互作用は複数の強化チャネルを通じて発生する。

　本書は、マクロ金融における危機の中心となる10の概念を読者に紹介した。危機の前段階では、各投資家が他の投資家の行動を予測しようとするため、バブルが発生し、持続する。バブルの追求、金融自由化、あるいは楽観から生じる巨額の資本流入は、部門間および部門内での実質的な資源の誤配分を伴う。こうした資金を仲介する銀行では、レバレッジが高まり、資金調達が時価評価された証券を担保とするようになるにつれて、バランスシートに変化が生じる。

　最初のショックの後、流動性の悪循環と資産の投げ売りは戦略的補完関係を生み出し、ショックの増幅や複数の均衡をもたらして、金融市場のシステミックな破綻につながり、実体経済に伝播する。危機の最中には、既発債が〔債務担保証券の担保な

159

どに〕使い回しされていることから、支払能力と流動性の区別が難しくなっており、支払金利は大きく変動する。こうした折に、銀行が国債を保有すると、金融部門と政府の財政政策は両者をともに破綻させる形で結びつけられる。投資家が安全を求めて逃避するなか、安全資産の供給に地域的なばらつきがあると、大きな代償を伴う資本移動を生み出す可能性がある。

　景気回復局面では、投資は低迷し、為替レートの下落は債務者に打撃を与え、景気を減速させる。中央銀行は銀行に流動性を供給し、市場が支払不能と流動性危機を区別するのを助けるが、不況と闘うためには、準備の飽和（過剰供給）、フォワード・ガイダンス、量的緩和といった形で、非伝統的金融政策にも頼らなければならない。これらはすべて中央銀行のバランスシートの構成を変えることにより利子率に影響を与える。財政政策は、安全資産に対する需要を適度に調整するために、歳出の構成とそれに関連する乗数に注意しながら、財政赤字のようなマイナスの公的貯蓄を増やしたり、自動安定化装置を提供したりしなければならない。

　これらの10の概念は、互いに関連しつつ、全体として、マクロ金融危機の発生、拡大、そして緩和の可能性を理解するためのツールを提供するものである。

参考文献

Acharya, Viral V., Itamar Drechsler, and Philipp Schnabl. 2014. "A Pyrrhic Victory? Bank Bailouts and Sovereign Credit Risk." *Journal of Finance*, 69 (6): 2689–2739.

Admati, Anat, and Martin Hellwig. 2014. *Bankers' New Clothes*. Princeton University Press.

Adrian, Tobias, and Markus K. Brunnermeier. 2016. "CoVaR." *American Economic Review*, 106 (7): 1705–1741.

Altavilla, Carlo, Marco Pagano, and Saverio Simonelli. 2017. "Bank Exposures and Sovereign Stress Transmission." *Review of Finance*, 21 (6): 2103–2139.

Arellano, José Pablo. 1985. "De la Liberalizacion a la Intervencion: El Mercado de Capitales en Chile 1974–1983." *El Trimestre Económico*, 52 (207 (3)): 721–772.

Bernanke, Ben S. 2020. "The New Tools of Monetary Policy." *American Economic Review*, 110 (4): 943–83.

Blickle, Kristian, Markus K. Brunnermeier, and Stephan Luck. 2019. "Who Can Tell Which Banks Will Fail?" Princeton manuscript.

Brunnermeier, Markus K. 2009. "Deciphering the Liquidity and Credit Crunch 2007–2008." *Journal of Economic Perspectives*, 23 (1): 77–100.

Brunnermeier, Markus K., and Lasse Heje Pedersen. 2009. "Market Liquidity and Funding Liquidity." *Review of Financial Studies*, 22 (6): 2201–2238.

Brunnermeier, Markus K., and Lunyang Huang. 2019. "A Global Safe Asset for and from Emerging Market Economies." In *Monetary Policy and Financial Stability: Transmission Mechanisms and Policy Implications*. Vol. 26 of *Central Banking, Analysis, and Economic Policies Book Series*, ed. Álvaro Aguirre, Markus Brunnermeier, and Diego Saravia, Chapter 5, 111–167. Central Bank of Chile.

Brunnermeier, Markus K., and Stefan Nagel. 2004. "Hedge Funds and the Technology Bubble." *The Journal of Finance*, 59: 2013–2040.

Brunnermeier, Markus K., Luis Garicano, Philip Lane, Marco Pagano, Ricardo Reis, Tanos Santos, David Thesmar, Stijn Van Nieuwerburgh, and Dimitri Vayanos. 2016. "The Sovereign-Bank Diabolic Loop and ESBies." *American Economic Review Papers and Proceedings*, 106 (5): 508–512.

Brunnermeier, Markus K., Thomas Eisenbach, and Yuliy Sannikov. 2013. "Macroeconomics with Financial Frictions: A Survey." *Advances in Economics and Econometrics, Tenth World Congress of the Econometric Society*. New York: Cambridge University Press.

Brunnermeier, Markus, Luis Garicano, Philip R. Lane, Marco Pagano, Ricardo Reis, Tano Santos, David Thesmar, Stijn van Nieuwerburgh, and Dimitri Vayanos. 2011. "European Safe Bonds (ESBies)." Manuscript at www.euronomics.com.

Brunnermeier, Markus, Sebastian Merkel, and Yuliy Sannikov. 2022. "Debt as Safe Asset." NBER working paper 29626.

Calomiris, Charles, and Charles Kahn. 1991. "The Role of Demandable Debt in Structuring Optimal Banking Arrangements." *American Economic Review*, 81 (3): 497–513.

Calvo, Guillermo A. 1998. "Capital Flows and Capital-Market Crises: The Simple Economics of Sudden Stops." *Journal of Applied Economics*, 1: 35–54.

Calvo, Guillermo A., Alejandro Izquierdo, and Ernesto Talvi. 2006. "Sudden Stops and Phoenix Miracles in Emerging Markets." *American Economic Review*, 96 (2): 405–410.

Calvo, Guillermo A., and Enrique G. Mendoza. 1996. "Mexico's Balance-of-Payments Crisis: A Chronicle of a Death Foretold." *Journal of International Economics*, 41 (3): 235–264.

Castillo-Martinez, Laura. 2020. "Sudden Stops, Productivity and the Exchange Rate." Duke University manuscript.

Cerra, Valerie, and Sweta Chaman Saxena. 2008. "Growth Dynamics: The Myth of Economic Recovery." *American Economic Review*, 98 (1): 439–57.

Céspedes, Luis Felipe, Roberto Chang, and Andrés Velasco. 2003. "IS-LM-BP in the Pampas." *IMF Staff Papers*, 50 (1): 143–156.

Chodorow-Reich, Gabriel, Loukas Karabarbounis, and Rohan Kekre. 2019. "The Macroeconomics of the Greek Depression." *CEPR Discussion Paper* 13762.

Corsetti, Giancarlo, Paolo Pesenti, and Nouriel Roubini. 1999. "What Caused the Asian Currency and Financial Crisis?" *Japan and the World Economy*, 11 (3): 305–373.

Cruces, Juan J., and Christoph Trebesch. 2013. "Sovereign Defaults: The Price of Haircuts." *American Economic Journal: Macroeconomics*, 5 (3): 85–117.

de la Cuadra, Sergio, and Salvador Valdés. 1990. "Myths and Facts about Instability in Financial Liberalization in Chile: 1974–1983." Instituto de Economia. Pontificia Universidad Católica de Chile. Documentos de Trabajo 128.

Dell'Ariccia, Giovanni, Pau Rabanal, and Damiano Sandri. 2018. "Unconventional Monetary Policies in the Euro Area, Japan, and the United Kingdom." *Journal of Economic Perspectives*, 32 (4): 147–72.

Diamond, Douglas W., and Philip H. Dybvig. 1983. "Bank Runs, Deposit Insurance, and Liquidity." Journal of Political Economy, 91 (3): 401–419.

Diamond, Douglas W., and Raghuram G. Rajan. 2001. "Liquidity Risk, Liquidity

Creation, and Financial Fragility: A Theory of Banking." *Journal of Political Economy*, 109 (2): 287–327.

Dias, Daniel A., Carlos Robalo Marques, and Christine Richmond. 2016. "Misallocation and Productivity in the Lead Up to the Eurozone Crisis." *Journal of Macroeconomics*, 49: 46–70.

Diaz-Alejandro, Carlos. 1985. "Good-bye Financial Repression, Hello Financial Crash." *Journal of Development Economics*, 19 (1-2): 1–24.

Eggertsson, Gauti B., and Sergey K. Egiev. 2020. "A Unified Theory of the Great Depression and the Great Recession." Brown University manuscript.

Farhi, Emmanuel, and Jean Tirole. 2018. "Deadly Embrace: Sovereign and Financial Balance Sheets Doom Loops." *Review of Economic Studies*, 85 (3): 1781–1823.

Fernald, John G., Robert E. Hall, James H. Stock, and Mark W. Watson. 2017. "The Disappointing Recovery of Output after 2009." *Brookings Papers on Economic Activity*, 1: 1–89.

Fernández-Villaverde, Jesús, Luis Garicano, and Tano Santos. 2013. "Political Credit Cycles: The Case of the Eurozone." *Journal of Economic Perspectives*, 27 (3): 145–66.

Galvez, Julio, and James Tybout. 1985. "Microeconomic Adjustments in Chile during 1977–1981: The Importance of Being a Grupo." *World Development*, 13 (8): 969–994.

Garber, Peter M. 2000. *Famous First Bubbles*. MIT Press.

Gennaioli, Nicola, Alberto Martin, and Stefano Rossi. 2018. "Banks, Government Bonds, and Default: What Do the Data Say?" *Journal of Monetary Economics*, 98: 98–113.

Gopinath, Gita, Şebnem Kalemli-Özcan, Loukas Karabarbounis, and Carolina VillegasSanchez. 2017. "Capital Allocation and Productivity in South Europe." *The Quarterly Journal of Economics*, 132 (4): 1915-1967.

Gorton, Gary. 2010. *Slapped by the Invisible Hand: The Panic of 2007*. Oxford University Press.

Gorton, Gary B., and Ellis W. Tallman. 2018. *Fighting Financial Crises: Learning from the Past*. University of Chicago Press.

Gourinchas, Pierre-Olivier, Thomas Philippon, and Dimitri Vayanos. 2016. "The Analytics of the Greek Crisis." *NBER Macroeconomics Annual*, 31: 1–81.

Hartmann, Philip, and Frank Smets. 2018. "The First Twenty Years of the European Central Bank: Monetary Policy." *Brookings Papers on Economic Activity*, Fall.

Kaminsky, Graciela L., Carmen M. Reinhart, and Carlos A. Végh. 2003. "The Unholy Trinity of Financial Contagion." *Journal of Economic Perspectives*, 17 (4): 51–74.

Kindleberger, Charles P. 1978. *Manias, Panics, and Crashes.* John Wiley and Sons. 〔『熱狂、恐慌、崩壊——金融危機の歴史』（第6版の翻訳）高遠裕子訳、日本経済新聞出版、2014年〕

Lane, Philip R. 2012. "The European Sovereign Debt Crisis." *Journal of Economic Perspectives,* 26 (3): 49–68.

McKay, Alisdair, and Ricardo Reis. 2016. "The Role of Automatic Stabilizers in the U.S. Business Cycle." *Econometrica,* 84 (1): 141–194.

Mishkin, Frederic S. 1999. "Lessons from the Tequila Crisis." *Journal of Banking and Finance,* 23 (10): 1521–1533.

Montiel, Peter J. 2014. *Ten Crises.* Routledge.

Obstfeld, Maurice. 2013. "Finance at the Center Stage: Some Lessons of the Euro Crisis." *European Economy,* 493.

Ongena, Steven, Alexander Popov, and Neeltje Van Horen. 2019. "The Invisible Hand of the Government: Moral Suasion during the European Sovereign Debt Crisis." *American Economic Journal: Macroeconomics,* 11 (4): 346–79.

Quinn, William, and John D. Turner. 2020. *Boom and Bust.* Cambridge University Press.

Rachel, Lukasz, and Lawrence Summers. 2019. "On Secular Stagnation in the Industrialized World." *Brookings Papers on Economic Activity,* 1: 1–73.

Radelet, Steven, and Jeffrey D. Sachs. 1998. "The East Asian Financial Crisis: Diagnosis, Remedies, Prospects." *Brookings Papers on Economic Activity,* (1): 1–90.

Ramey, Valerie A. 2019. "Ten Years after the Financial Crisis:What Have We Learned from the Renaissance in Fiscal Research?" *Journal of Economic Perspectives,* 33 (2): 89–114.

Ramey, Valerie A., and Sarah Zubairy. 2018. "Government Spending Multipliers in Good Times and in Bad: Evidence from US Historical Data." *Journal of Political Economy,* 126 (2): 850–901.

Ravn, Morten O., and Vincent Sterk. 2017. "Job Uncertainty and Deep Recessions." *Journal of Monetary Economics,* 90: 125–141.

Reinhart, Carmen M., and Kenneth S. Rogoff. 2009. *This Time is Different: Eight Centuries of Financial Folly.* Princeton University Press. 〔『国家は破綻する——金融危機の800年』村井章子訳、日経BP、2011年〕

Reis, Ricardo. 2013. "The Portuguese Slump and Crash and the Euro Crisis." *Brookings Papers on Economic Activity,* 46 (1): 143–210.

Reis, Ricardo. 2016. "Funding Quantitative Easing to Target Inflation." In *Designing Resilient Monetary Policy Frameworks for the Future.* Jackson Hole Symposium: Federal Reserve Bank of Kansas City.

Santos, Tano. 2017. "El Diluvio: The Spanish Banking Crisis, 2008–12." Columbia University manuscript.

Scheinkman, Jose A. 2014. *Speculation, Trading, and Bubbles*. Columbia University Press.

Shleifer, Andrei, and Robert Vishny. 2011. "Fire Sales in Finance and Macroeconomics." *Journal of Economic Perspectives*, 25 (1): 29–48.

Sturzenegger, Federico, and Jeromin Zettelmeyer. 2006. *Debt Defaults and Lessons from a Decade of Crises*. MIT Press.

『マクロ金融危機入門』解説

青木浩介

　マクロ金融危機とは、金融機関の経営悪化や資産価格下落（金融危機）と景気後退が互いに増幅しあって、多くの失業が発生するなど深刻な経済状態に陥ることである。

　著者のブルネルマイヤー教授とレイス教授は世界を代表するマクロ経済学者であると共に、様々な中央銀行や国際機関の顧問を務めるなど、実社会への貢献も高い。ブルネルマイヤー教授は2024年時点で日本銀行金融研究所の顧問を務めており、日本にも深い関心を持っている。両教授とも教育や啓蒙に熱心で、レイス教授は勤務校（LSE）で教育に対して大きな貢献をした教員に与えられる Excellence in Education Award を受賞している。そのような両教授が自らの講義を元にして、マクロ金融危機の全体像を詳細に解説したのが本書である。理論の説明とともに、現実の危機の事例も紹介していることも素晴らしい。90年代初頭の日本のバブル崩壊や、それに続く日銀による非伝統的金融政策も重要な事例として解説されている。

　本書では、マクロ金融危機の基礎的な説明だけでなく、最先端の研究成果も紹介されている。「このような新しい知見まで学部生に教えるのだなあ」と深く感銘したとともに、プリンストンとLSEの教育水準の高さも感じられた。

　ここでは、本書で紹介されている最先端の研究成果を理解す

るために、金融とは何か、金融取引がなぜうまくいかないかということについての基礎的な解説から始め、それがマクロ金融危機とどのように関連するかを説明する。それによって、読者の皆さんが本書をより良く理解する助けとしたい。

金融取引がうまくいかない理由

マクロ金融危機は金融（お金の貸し借り）の難しさと密接に関連している。本書では投資に失敗したニュートンが「私は天体の運動なら計算できるが、人間の狂気は計算できない」という言葉を残したことが紹介されている。シェイクスピアは「ハムレット」の中で登場人物に「お金を貸すと、お金と友人と両方を失う」と語らせている。昔から金融というものは色々と問題が多かったらしい。

まず、私たちは、知らない人々と様々な交換をしている。交換できれば自分が使うものを全て自分で作る必要がない。つまり分業ができる。知らない人同士が様々なモノを交換する場が「市場」だ。例えば、皆さんの手元にある携帯電話は、部品市場、流通サービス市場、労働市場など、想像もできないような多くの分業と市場取引の結果として、皆さんの手元に届いている。

交換には2種類ある。1つは同時点の交換だ。例えば、AさんとBさんがりんごとみかんを交換することは同時点の交換だ。もう1つは時点を跨いだ交換、つまり貸し借り（金融）だ。例えば、AさんがBさんから今年お金を借りて家を買ったとしよう。お金を返す時点では、Aさんは何かを買うことを我慢している。Bさんは今年何らかの消費を我慢しているが、お金を返

してもらった将来には何かを消費できる。つまり、この2人は今年と将来の消費を交換している。

　AさんはBさんからお金を借りるときに借用書を出す。この借用書はAさんにとってはもちろん負債だ。それと同時に、Aさんの借用書はBさんにとっては資産だ。つまり、借りる人は貸す人に対して、貯蓄手段（資産）を提供している。貸し借りは負債と資産を同時に作る。現実の「借用書」は家計の住宅ローンや企業の銀行ローン、社債など様々だ。国の借用書である国債も人々にとっては重要な資産とみなされる。

　ところで、お金を貸したBさんが急な出費に迫られることもある。その場合に資産を売って出費に充てたいとする。Bさんの資産はAさんの借用書（負債）だ。この借用書を、Aさんを直接知らないCさんに売ることができるか？　つまり、負債が人々の間で流通するか？　これが「流動性」の問題である。買いやすく売りやすい資産（負債）は流動性が高いという。流動性は本書第4章と第6章の理解に重要な概念だ。

　借用書が交換される場、つまり時点を跨いだ財の交換の場が金融市場だ。財市場と同じく、金融市場でも知らない人同士が様々な交換をしている。金融市場がなければ、住宅ローンも存在せず若者は家を買えない。良いアイディアを思いついた起業家も、資金を調達できなければ事業を始めることができない。豊かな生活のために金融と金融市場は不可欠だ。

　しかし、時点を跨いだ交換は、同時点交換よりも上手くいかないことがはるかに多い。マクロ金融危機の発端から危機に至るまでに観察される様々な事象は、結局のところ貸し借りの難しさに起因している。

　なぜ貸し借りは難しいか？　経済学では、貸し借りの難しさ

『マクロ金融危機入門』解説　　169

は2つのことに起因すると考えられている。1つは、借金は返してもらうのが難しいということだ。「無い袖は振れない」という言葉の通り、返せないと主張する借手からお金を回収することはとても難しい。ましてや借手が夜逃げをすれば、探し出すことは非常に難しい。これを経済学では、専門的な言葉であるが「返済のコミットメントが欠如している」と表現する。もう1つは、貸手が借手の状況を良く把握できないということだ。これを経済学では「貸手と借手の間に非対称情報がある」と表現する。この場合、借手は貸手を騙そうとすることがある。コミットメントの欠如にせよ、非対称情報にせよ、これらの問題が深刻な場合には、貸手はお金が返ってこないことを心配して貸すことを躊躇する。つまり、貸し借りがうまくいかない。

このような状況下でも、人々は昔から貸し借りを行える工夫をしてきた。その代表例が担保付き貸出だ。担保付き貸出とは、借手がお金を返さない場合に、貸手がその担保を手に入れるという条件が付いた貸出のことだ。担保があれば、貸手は少しは安心してお金を貸すことができる。土地や住宅は典型的な担保だ。それでも貸し借りの難しさは完全には解決しない。貸し借りが難しい経済では以下の症状が現れる。

1. 借手は、必要なだけ借りられるとは限らない。このことを、借入制約があるという。
2. 借入限度額が、資産価格に強く影響を受ける。例えば土地担保の場合、地価が下がれば借入限度額が下がる。
3. 資産（誰かの負債）を第三者に売ることが難しい。なぜならば第三者にとっては返済のコミットメントや非対称情報の問題がより深刻だからである。つまり資産の流動性が低くなる。

以上の知識を用いて本書の主要内容を解説していこう。

金融とマクロ経済の相互のつながり

本書は資産価格から始まる。資産価格は時として、急激に上昇した後に暴落する。人々はこの現象を「バブル」と呼び、そのメカニズムを理解しようとしてきた。バブルの特徴は「投機」だ。第2章では、資産価格の決まり方をよく知っているプロの投資家が、そうでないナイーブな投資家を出し抜く投機行動をすることから、バブルが発生・崩壊する様子を説明している。ここでは1980年代の日本のバブルの例が紹介されている。日本のバブルとその背景について詳しく勉強したい読者は、例えば星・カシャップ『日本金融システム進化論』（日本経済新聞出版）を参照されたい。やや古い本ではあるが、内容は今でも色褪せない。

さて、財市場では品質が高い財や価格が安い財に需要が集まる。同様に、金融市場では収益率の高い投資機会に資金が集まるはずだ。しかし、しばしばそうならない。本書第3章ではこれを「誤配分（misallocation）」と呼んでいる。本書では政治的な要因が誤配分の重要原因として強調されている。金融の観点から言うと、生産性が高くても担保が少ない産業には必ずしも資金が集まらない。一方、担保の多い不動産部門などには、資金が流入しやすい。お金の借りやすさと生産性の高さは必ずしも一致しない。

次に銀行の話に移ろう。

銀行は流動的でない資産を流動性の高い資産に変換する役割

を持つ。企業への貸出や住宅ローンは、第三者に売りにくい。つまり流動性が低い。銀行は家計からお金を借りて（預金を集めて）企業や家計に貸し出す。預金はいつ引き出しても良い。また、クレジットカード決済や公共料金の銀行引き落としのように、企業や家計は銀行預金を使って日々の取引を行える。これらの場合には、支払い側の預金が減って受け取り側の預金が増えるので、預金を売り買いしているようなものだ。つまり、預金は流動性が高い。第4章では、現代の銀行やシャドーバンクが、通常の預金貸出業務を超えて流動性を作り出してきた様子を説明している。2008〜10年の世界金融危機の発生に重要な役割を果たした「住宅ローンの証券化」とは、住宅ローンを流動資産に変換することだ。

　しかし、銀行には常に脆弱性が付きまとう。保有資産は流動性が低く負債（預金）は流動性が高いからだ。預金者が一斉に預金を引き出す状況になると、銀行は対処できなくなる。たとえ支払い能力がある（十分な資産を保有している）としても、それを売って預金引き出しに対処できないからだ。流動性不足と取り付け騒ぎは金融危機が深刻になる局面において非常に重要な要素であり、第6章で説明されている。

　さらに、金融市場の問題と実体経済は資産価格を通じてつながっている。

　借入能力（資金調達能力）が保有資産の価値に依存するということは、金融機関も同じだ。資産価値の変動と借入能力の相互連関は、金融危機がマクロ金融危機として深刻化する際に非常に重要な役割を果たす。資産価格が下がると担保価値が下がるので、資金調達能力が下がる。すると、資金引き出しに対応するために資産を売らざるを得なくなる。そのような行動を多

くの金融機関が取ると資産価格がますます下がるので、もともと健全だった金融機関も保有資産価値が下落し、資金調達が難しくなっていく。これが資産価格を通じた危機の伝播だ。資金調達が困難な金融機関は貸出を減らさざるを得ず、住宅投資や企業の設備投資が減っていく。総需要の下落により不況が深刻になり、資産価格がますます下がっていく。ここで、資産価格は将来予想に依存していることに注意されたい。人々が将来も景気が悪いと予想すると、その予想よって現在の資産価格が下がり、借入能力と資産価格の負のフィードバックが働いて現在の景気がさらに悪化する。つまり、資産価格は金融市場を通じて将来の不況と現在の不況をつなげる役割を果たす。以上が、マクロ金融危機が増幅されていくメカニズムであり、第II部の主要テーマだ。

　最後に、政府はどのような役割を持っているだろうか。

　貸し借りが難しい経済においては、国の借金、つまり国債は重要な役割を持つ。貸し借りは資産と負債を同時に作り出すことを思い出して欲しい。ここで、国は人々にはない特別な能力を持つことに着目しよう。それは課税能力だ。国は人々から強制的に税金を集められる。国は国債を償還するために課税をすることを考えれば、国債は課税能力を背景に作られた資産だ。政府の課税能力を人々が信頼する限り、国債は人々にとって安全資産であり良質の担保として使われる。また、国債は民間が作り出した資産とは異なり、コミットメントや非対称情報の問題が第三者にとって深刻となることがない。つまり国債は第三者に売りやすいので流動性が高い。国は課税能力を背景に安全で流動的な資産を作り出すことができる。

　国は国債を発行して人々からお金を借り、マクロ金融危機に

『マクロ金融危機入門』解説　173

対処しようとする。しかし、危機の規模が大きかったり国の課税能力そのものに問題があったりすると、国が国債を返済できないかもしれないという問題が生じ、民間部門の危機と国家債務危機が互いに増幅していく。この過程では国債が安全資産としてみなされなくなる状況も発生する。この様子が第7章と第8章で分析されている。第III部では、マクロ金融危機に対する3つの政策、つまり為替政策、非伝統的金融政策、財政政策が解説されている。

　金融は、建物の配管に例えられることもある。配管はあまり目立たない存在で、普段は皆気にしない。しかし、配管のどこかが密かに詰まると、とても困った状況になる。金融も普段はあまり目立たないが、時として実体経済の悪化と金融部門の悪化が増幅しあい、マクロ金融危機を招く。危機の原因は、好況の陰で金融市場のどこかで密かに生まれていることが多い。本書によって、読者の皆さんが金融市場の役割や実体経済との関連に興味を抱いていただくことを期待している。

訳者あとがき

　本書はMarkus K. Brunnermeier and Ricardo Reis, *A Crash Course on Crises: Macroeconomic Concepts for Run-Ups, Collapses, and Recoveries*（Princeton University Press, 2023）の全訳である。本書のテーマは「マクロ金融危機」であり、金融危機とマクロ経済の景気後退が相互に影響を及ぼしながら、より深刻な危機に至る過程がわかりやすく説明されている。著者は古今の経済危機の事例（日本のバブル崩壊やリーマンショックなど）を紹介しながら、最新の理論研究の成果を反映させつつ、マクロ金融危機の発生過程と、対応する金融政策を解説している。本書は、経済学入門を終えた学部生向けの講義に基づいており、数式ではなく図やグラフによって説明を補強し、専門知識を持たない読者に読んでもらえる体裁となっている。

　著者2人はいずれもこの分野をリードする経済学者である。マーカス・K・ブルネルマイヤー氏は現在、米国プリンストン大学教授。専門はマクロ経済学、金融理論、特にバブル、デジタル通貨などである。2023年米国金融学会会長、2023年から日本銀行金融研究所の海外顧問を務めている。著書に*The Resilient Society*（2021,『レジリエントな社会』立木勝・山岡由美訳、日経BP、2022年）などがある。

　リカルド・レイス氏は現在、英国ロンドン・スクール・オブ・エコノミクス教授。専門はマクロ経済学、金融・財政政策、特にインフレ、景気循環などである。2021年ユルヨ・ヨハンソン賞、2022年カール・メンガー賞を受賞した。

本書の内容については、東京大学の青木浩介教授が、読者のために（前提となる知識を含めて）明快な解説を執筆してくださった。金融について初めて学ぶ読者には、そちらにまず目を通してから本文を読み進めることを勧めたい。青木教授は訳文についても非常に有益な助言をくださった。記して感謝したい。

　なお、ブルネルマイヤー教授のウェブサイトから原著の講義用スライドを入手することができる（2024年8月現在）。訳書と併せて、金融・マクロ経済関係の英語の学習にも便利である（https://markus.scholar.princeton.edu/publications/crash-course-euro-crisis）。

　本書の翻訳は、慶應義塾大学出版会の永田透氏のイニシアチブで始まり、最初に声をかけて頂いた栗林が、国際金融の実務と歴史にも詳しい小谷野先生に協力を依頼する形で実現した。原著には日本のバブル経済の記述・統計数字に事実誤認があることを（バブル期にバンカーとしてニューヨークに駐在されていた）小谷野先生が発見してくれた。その他にも、いくつかの点について、レイス教授が私たちの問い合わせに迅速に答えてくださり、訳書では記述を訂正してある。一橋大学の陣内了教授には、専門用語の訳語について貴重な助言を頂いた。

　最後に、編集者の永田透氏に、的確かつ丁寧に支援して頂いたことを心より感謝する。本書がひとりでも多くの読者に読まれ、バブルの生成・崩壊のしくみや金融政策についての理解が深まることを願っている。

2024年8月31日

訳者のひとりとして

栗林寛幸

索引

数字・欧文

1997〜98年の世界危機　69
2008〜10年の金融危機　1, 52, 68,
　　125-7, 131, 137, 138
ECB（欧州中央銀行）　87, 138
FRB（連邦準備制度理事会）　11, 112,
　　129
IMF　83, 87, 100
OMT　139

ア行

アイルランド　66, 68, 97
悪魔のループ　94-9, 102
アニマル・スピリッツ　153
アメリカ大恐慌　152
アルゼンチン　72, 99
　　——国債　100
安全資産　104-6
イールドカーブ　137-9
　　——・コントロール政策　137
イタリア　90, 99
『一般理論』（ケインズ）　18
インターネット・バブル　26-7
インドネシア　70-1
ウクライナ侵攻　3
英国　17, 150
欧州中央銀行（ECB）　87, 138
オーストリア　84

カ行

影の銀行　49-50
カハ（Cajas）　55
カレンシー・ボード制　99
韓国　70
韓国ウォン　71
キプロス　99
キャピタル・ゲイン　35, 47
ギリシャ　87, 90, 97, 108
　　——国債　89, 107
均衡実質金利　145
銀行のバランスシート　45, 47-8, 55
金融市場の厚み　35
金融摩擦　77
ケインズ, ジョン・メイナード　18,
　　20, 52
ケインズ派　143, 145, 152
ゲーム理論　60
コロナウイルス感染症の大流行　149
コロンビア　72
根拠なき熱狂　25

サ行

債務担保証券（CDO）　50
サブプライム市場　97
資産価格バブル　35
資産担保証券（ABS）　51
システミック・メルトダウン　85

177

―――・リスク　60, 67-8
実質為替レート　115, 117
支払能力（solvency）　75-8
準備の飽和　131, 134
シンガポール　71
新古典派　143, 145
スペイン　90
政府支援企業（GSE機関）　51
世界恐慌　143
世界金融危機　10, 50, 125-7
ソブリン債　96-7
ソブリン・セーフティネット　56

夕行

タイ　70
　―――・バーツ　70
チューリップ・バブル　17
チリ　38-9, 42, 72
テーパー・タントラム　110
テクノロジー・バブル　25
デノミ・リスク　108
ドイツ　84
　―――国債　107
ドラギ, マリオ　108

ナ行

ナッシュ均衡　62
南海バブル　17
日本の80年代バブル　23-4
日本銀行　24, 134-7
ニューディール政策　12, 153

ニュートン, アイザック　20

ハ行

バブル　18-20, 22, 23
バランスシート間のループ　95
バンコ・オソルノ　39
パンデミック　2-3, 10, 12, 111, 150
美人投票　20
非伝統的（金融）政策　11, 130, 132-
　4, 139, 160
ヒトラー, アドルフ　85
「火の鳥」型回復　122
フィリピン　70
フォワード・ガイダンス　133, 135,
　139
2つの使命　129
不動産のバブル　23
ブラジル　99
フリードマン, ミルトン　131
フリードマン・ルール　131
ベアー・スターンズ　52
ヘアカット　48
ベネズエラ　72
ホールセール資金　66
　―――調達　48-9
　―――資金調達市場　47
　―――市場　55
ポルトガル　37-8, 90
香港　71

マ行

マーシャル・ラーナー条件　119

マーストリヒト条約　109

マクロ金融危機（macro-financial crises）　1, 159

マクロプルーデンス規制　27, 50, 101

マレーシア　70

ミクロプルーデンス規制　67

ミシシッピ・バブル　17

ミンスキー, ハイマン　18, 24

名目為替レート　115

メキシコ　72, 123-4

ヤ行

ユーロ圏　36, 107

　　——の周辺国　36, 107, 109

　　——の中核国　36, 107, 109

ユーロの誕生　36

予想最大損失額（VaR：バリュー・

アット・リスク）　66

ラ行

ライヒスバンク　85-6

リーマン・ブラザーズ　52, 125

流動性不足　76, 82, 84

量的緩和　134

ルーズベルト, フランクリン・D　153

ルーブル　72

レバレッジ　62, 65

レポ　48, 66

　　——取引　47-8

連邦準備制度理事会（FRB）　11, 112, 129

ロシア　72

ワ行

割引現在価値　76

索引　179

［著者紹介］

マーカス・K・ブルネルマイヤー（Markus K. Brunnermeier）

米国プリンストン大学のエドワーズ・S・サンフォード教授兼ベンドハイム金融センター所長。ロンドン・スクール・オブ・エコノミクス（LSE）より博士号取得。専門はマクロ経済学、金融理論、特にバブル、デジタル通貨など。2023年アメリカ金融学会会長。2023年から日本銀行金融研究所海外顧問。著書に『レジリエントな社会』立木勝・山岡由美訳、日本経済新聞出版）がある。

リカルド・レイス（Ricardo Reis）

英国ロンドン・スクール・オブ・エコノミクス（LSE）のA・W・フィリップス教授。ハーバード大学より博士号取得。専門はマクロ経済学、金融・財政政策、特にインフレ、景気循環など。2021年ユルヨ・ヨハンソン賞、2022年カール・メンガー賞。英国アカデミー会員。

［訳者］

栗林寛幸（くりばやし・ひろゆき）

東京大学特任研究員。東京大学教養学部卒業（国際関係論）。英国ケンブリッジ大学修士課程修了（経済学）。訳書にケン・ビンモア『正義のゲーム理論的基礎』（NTT出版）、ピーター・テミン『なぜ中間層は没落したのか』（慶應義塾大学出版会）、ポール・コリアー＆ジョン・ケイ『強欲資本主義は死んだ』（勁草書房、共訳）などがある。

小谷野俊夫（こやの・としお）

静岡県立大学名誉教授。早稲田大学政治経済学部卒。ペンシルベニア大学ウォートンスクール修了（MBA）。第一勧銀調査部ニューヨーク駐在シニア・エコノミスト、DKB総研経済調査部長を経て静岡県立大学教授。主な訳書にエド・コンウェイ『サミット』（一灯舎）、『ケインズ全集　第20巻』（東洋経済新報社）などがある。

［解説者］

青木浩介（あおき・こうすけ）

東京大学大学院経済学研究科教授。プリンストン大学にてPh.D.（Economics）取得。専門はマクロ経済学、金融政策。2001年ヨーロッパ経済学会Young Economist Award、2014年日本経済学会中原賞、2020年全国銀行学術研究振興財団賞受賞。

マクロ金融危機入門
――バブルはなぜ繰り返すのか

2024年10月25日　初版第1刷発行

著　者―――マーカス・K・ブルネルマイヤー＋リカルド・レイス
訳　者―――栗林寛幸＋小谷野俊夫
発行者―――大野友寛
発行所―――慶應義塾大学出版会株式会社
　　　　　　〒108-8346　東京都港区三田2-19-30
　　　　　　TEL　〔編集部〕03-3451-0931
　　　　　　　　　〔営業部〕03-3451-3584〈ご注文〉
　　　　　　　　　〔　〃　〕03-3451-6926
　　　　　　FAX　〔営業部〕03-3451-3122
　　　　　　振替　00190-8-155497
　　　　　　https://www.keio-up.co.jp/
装　丁―――米谷豪
ＤＴＰ―――アイランド・コレクション
印刷・製本――中央精版印刷株式会社
カバー印刷――株式会社太平印刷社

©2024 Hiroyuki Kuribayashi and Toshio Koyano
Printed in Japan ISBN 978-4-7664-2988-6

慶應義塾大学出版会

世界金融・経済危機の全貌 原因・波及・政策対応

植田和男編著　2007年夏のパリバ・ショックに始まり、2008年9月のリーマン・ショックをきっかけに一気に拡大した一連の金融危機を徹底分析。危機後の中長期的な財政フレーム、政策運営のあり方までも視野に入れた、本格的な論考を集成。　　　　　　　　　　　　　定価6,380円（本体5,800円）

金融政策の「誤解」 "壮大な実験"の成果と限界

早川英男著　　黒田東彦日銀総裁が遂行する「異次元緩和」政策は目標に至らないまま「マイナス金利」という奥の手を導入した。日銀きっての論客と言われた筆者が、ついに沈黙を破って持論を開陳する。第57回エコノミスト賞受賞！　　　　　　　　　　　　　　　　定価2,750円（本体2,500円）

グローバルインフレーションの深層

河野龍太郎著　コロナ禍を機に、急激なインフレが世界を襲った。この困難な局面を打開してくために何が必要なのか。理論・歴史・政治・国際的視点から、金融経済の行方を鋭利に読み解く、著名エコノミストによる未来を見極める得心の一書。　　　　　　　　　　　　　　　定価1,760円（本体1,600円）

金融政策 理論と実践

白塚重典著　長年の中央銀行エコノミストとしての経験を基に、理論と実務の双方の視点からバランスのとれた金融政策論を講義。基本項目を網羅しつつ、最新必須のトピックまでを余さず丁寧に解説する、著者の持ち味と独自性溢れるテキスト。　　　　　　　　　　　　定価2,970円（本体2,700円）